自然災害伝承碑と土地の成り立ち

平成30年7月豪雨で浸水被害があった地域には、災害履歴として自然災害伝承碑があって、先人の声が伝わっているよ。土地の成り立ちも合わせて考えてみようね。

地理院地図で身近な地域の自然災害伝承碑も探してみよう。どんな場所にあるかな？

図2-3　自然災害伝承碑の活用コンテンツ（10ページ）
国土地理院「地理教育の道具箱」による。

赤枠：平成30年7月豪雨に伴う推定浸水範囲

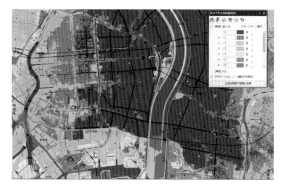

図2-6　自分で作る色別標高図（荒川下流）（12ページ）
標高1m間隔で色分け。国土地理院「地理院地図」による。

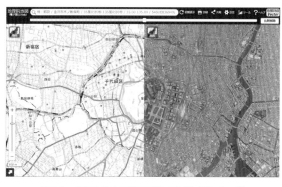

図2-7　地図と空中写真を重ねて比較（12ページ）
左は標準地図，右は全国最新写真（シームレス）。国土地理院「地理院地図」による。

図2-9　重ねるハザードマップ（13ページ）
国土交通省「ハザードマップポータルサイト」による。

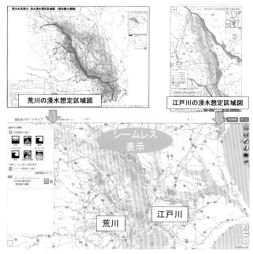

図2-10　シームレスに表示（14ページ）
国土交通省「ハザードマップポータルサイト」による。

図 2-11　わがまちハザードマップ（14 ページ）
国土交通省「ハザードマップポータルサイト」による。

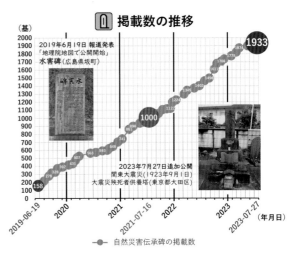

図 2-13　自然災害伝承碑の公開推移（2023 年 7 月 27 日時点）
（15 ページ）　国土地理院ウェブサイトによる。

第 2 部　高等学校における学習指導と GIS 教育

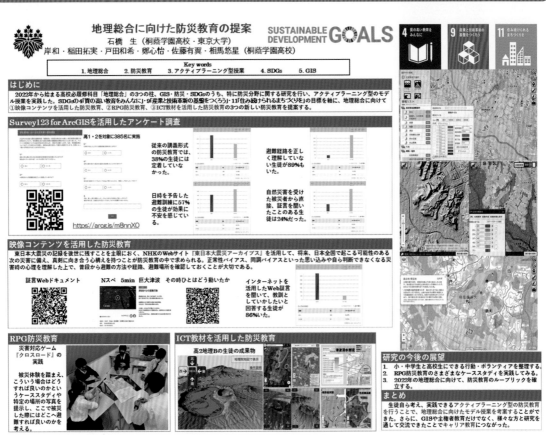

図 4-6　CSIS DAYS 2020 で提出した GIS ゼミの研究ポスター（32 ページ）

2020 年 11 月 20 〜 21 日にオンライン形式で開催された東京大学空間情報科学研究センター主催「CSIS DAYS 2020 全国共同利用研究発表大会」にて発表。

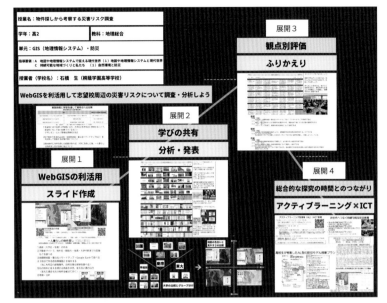

図 4-9　ロイロ認定ティーチャーとして
　　　　掲載されているプロット図授業案
　　　　（35 ページ）

「ロイロノートサポートページ掲載授業案」
サイト（https://help.loilonote.app/--6303
1e1e19bd610023cdff44）に掲載。

図 5-3　「ジオグラフ」で示したニュータウンの高齢化
　　　　（1995 年・2015 年の比較）（43 ページ）

「ジオグラフ」により作成。

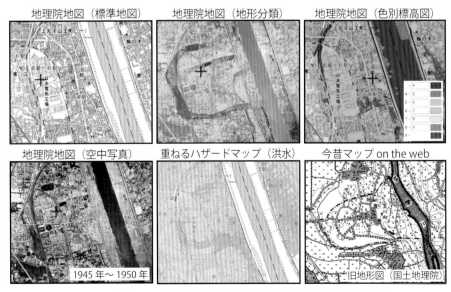

図 5-4　ハザードマップ・色別標高図・旧地形図で見た多摩川流域（44 ページ）

「重ねるハザードマップ」「地理院地図」「今昔マップ on the web」により作成。

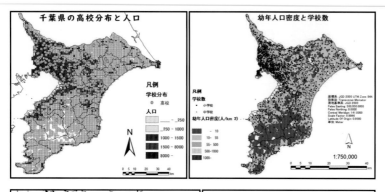

図 7-3　地図作成例（生徒 A）（61 ページ）

凡例，方位記号，縮尺記号が適切に描かれ，座標系の表示など必要な地図要素への気配りが行き届いている。階級区分も適切である。面的（ポリゴン）事象の上に学校分布が点（ポイント）事象として表現され，事象相互の関係性がわかりやすい。

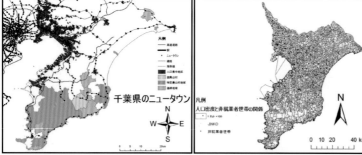

図 7-4　地図作成例（生徒 B）（61 ページ）

凡例でレイヤ名称を変更せず，座標系などの表記もない。人口と非就業世帯がどちらも点事象で表現され，地図上での関係性を読み取りにくい。小地域の境界線が目立ち，地図上での事象の判読性を損なっている。また，凡例で不要なものを削除するなどの整飾を行っていない。

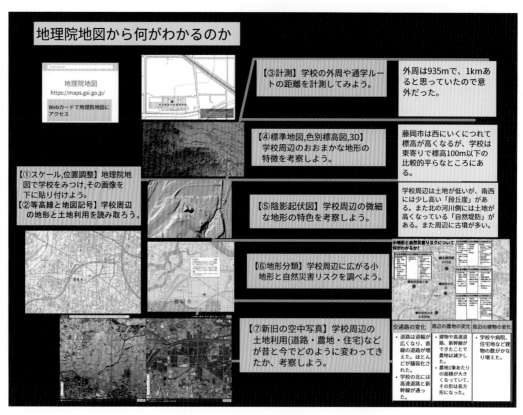

図 8-20　地理院地図演習の際の生徒の情報整理シートの例（74 ページ）
地理院地図の演習で生徒が作成したものを，ロイロノート上に加筆・修正して作成。

「地理総合」とGIS教育

— 基礎・実践・評価 —

橋本 雄一 編

古今書院

High School Geography and GIS Education

Basics, Practice and Evaluation

Edited by Yuichi HASHIMOTO

Kokon-Shoin, Publisher, Tokyo, 2023

はじめに

現代社会において地図活用能力は不可欠です。この能力の育成に2022（令和4）年から高校で始まった「地理総合」が担う役割は大きいと思われます。「地理総合」で生徒たちは地図やGISを学び，それによる地図活用能力の向上が期待されます。しかし，高校でのGIS教育は新しく導入されたばかりなので，これを掘り下げた書籍が必要になると考え，本書の出版を企画しました。

本書の特徴は，「地理総合」の大項目「A 地図や地理情報システムで捉える現代世界」に対応し，GIS教育の基礎知識，授業実践，評価方法を具体的に解説している点です。特に本書が注目したのは，科目新設と同時に導入された3観点での評価（知識・技能，思考・判断・表現，主体的に学習に取り組む態度）であり，高校の現場で実際に行われている評価方法や課題を説明しています。

本書は高校で「地理総合」を担当する先生方だけでなく，大学で教員養成の授業を担当する先生方，教員を目指す大学院生や学部生，学校内外での教育支援を考える方を対象としています。高校で「地理総合」を担当する先生方にとって，本書は授業の実践や評価の参考にしていただける内容になっています。また，新たな高校教員を養成する大学での取り組みを知ってもらうのにも役立ちます。大学で教員養成の授業を担当する先生方にとっては，高校での授業の実態や課題を把握し，「地理総合」を担う教員を育てるための参考になります。教員を目指す大学院生や学部生にとっては，高校と大学の両方における取り組みを知り，自らの教育方法を考えるための手掛かりになります。さらに，「地理総合」の教育支援を考える方にとっては，高校や大学のニーズを理解するための資料になります。

本書は3部から構成されており，第1部は「地理総合」におけるGISの基礎知識と教育支援に関する内容です。ここでは，文部科学省の学習指導要領や「地理総合」の概要，国土地理院の教育支援，教科書の内容などを解説しています。

第2部は高校における学習指導とGIS教育に関する内容であり，実際に教壇に立っている先生方の体験をもとにした知見を示しています。ここでは，「地理総合・地理探究」と探究学習の相互環流，発達段階と学習課程ごとのGIS活用の必要性，学習指導におけるルーブリックと観点別評価，地理的技能と地理的な見方・考え方に注目した授業実践，教員アンケート調査結果からみた授業の実態と課題，3観点評価による指導と評価の一体化に関する考察など，高校の教育現場における具体的な取り組みを詳細に知ることができます。

第3部は大学での教員養成とGIS教育に関する内容であり，「地理総合」に対応した教員養成の授業を紹介しています。ここでは，大学の教職科目でGISの考え方・技能・評価方法などを培うことの必要性，地理教育での先端技術活用の効果などを述べています。また，2つのコラムでは，高校から多かった要望への対応や，フィールドワークとGISとを連携させた授業の重要性などを筆者の経験から解説しています。最終章では，本書の総括として，社会全体のデジタル化の動きをふまえ，「地理総合」で地図リテラシーを学ぶ意義を論じています。

本書の出版では，北海道大学の2023年度文学研究院一般図書刊行助成を受けました。本書を刊行するにあたっては，研究の支援，データや資料の提供，アンケートへの対応など大変多くの方からご協力いただきました。ここに深く感謝を申し上げます。

最後に，ご尽力いただいた株式会社古今書院の橋本寿資社長と本書の刊行に際して編集の労をとっていただいた株式会社古今書院の関 秀明氏，太田昌勝氏に心より御礼申し上げます。

2023年6月30日

橋本 雄一

目　次

はじめに　i

第1部　「地理総合」における GIS の基礎知識と教育支援　1

第1章　学習指導要領における「地理総合」の GIS 教育　（三橋浩志）　1
1-1　学習指導要領とは何か？　1
1-2　「地理総合」必履修の背景と目的　2
　　　平成 30 年改訂の背景と目的／必履修科目「地理総合」の概要
1-3　「地理総合」における GIS 教育の位置づけ　4
　　　地理教育における GIS 教育の位置づけ／「地理総合」における GIS 教育の位置づけ
1-4　学習指導要領の変遷からみた GIS 教育の方向性　6

第2章　国土地理院における「地理総合」への支援　（大塚　力）　8
2-1　国土地理院による取り組みの概要　8
　　　取り組みの背景／国土地理院の対応
2-2　「地理教育の道具箱」の公開　9
　　　「地理教育の道具箱」とは／対象の明確化／コンテンツの探しやすさ／学習単元ごとの整理／
　　　すぐに授業で活用できるコンテンツ
2-3　「地理院地図」の充実　11
　　　「地理院地図」とは／空中写真を見る／防災地理情報を知る／他機関で整備した地理空間情報／
　　　地形断面図の作成機能／色別標高図の作成機能／2 つの情報を比較できる機能／その他の機能
2-4　地域の防災・減災に役立つ「ハザードマップポータルサイト」13
　　　「ハザードマップポータルサイト」とは／「重ねるハザードマップ」／「わがまちハザードマップ」
2-5　新たな地図記号「自然災害伝承碑」　14
　　　地図記号「自然災害伝承碑」の制定／「地理院地図」での公開状況／
　　　「自然災害伝承碑」を通じた災害伝承の取り組み

第3章　「地理総合」の教科書における GIS　（橋本雄一）　17
3-1　GIS の基礎知識　17
　　　GIS とデータ／ GIS の機能
3-2　GIS に関する日本の動き　18
　　　地理空間情報活用推進基本計画の推移／ GIS に関する日本学術会議の提言
3-3　「地理総合」の教科書と GIS　20
　　　教科書の構成／世界地図と図法（投影法）／教科書で用いられる GIS と地図関連の用語／

地理院地図の扱い方／ GIS による「教材の現地化」

コラム①　座標系とは？（橋本雄一）　24

コラム②　「地理院地図」による図歴の確認（橋本雄一）　25

第 2 部　高等学校における学習指導と GIS 教育　26

第 4 章　「地理総合・地理探究」と探究学習の相互環流（石橋　生）　26
　4-1　「地理総合・地理探究」と地理的思考力　26
　4-2　「地理総合・地理探究」のモデル授業『物件探しから考察する災害リスク調査』　27
　4-3　総合的な探究の時間に考案した防災教育　29
　4-4　受け身型の防災教育の課題　31
　4-5　高校生を地域の頼れる防災リーダーに育てる『みんなの BOSAI プラン 3.0』　32
　4-6　次世代につなぐための防災教育　34
　4-7　教科学習と探究学習の相互環流　34

コラム③　防災小説『コロナ禍における災害』（石橋　生）　37

第 5 章　身近な事例に置き換えて考える手段としての GIS（河合豊明）　39
　5-1　GIS を活用することの必要性　39
　5-2　前提として中学校段階での GIS 活用　39
　5-3　「地理総合」における GIS の導入　40
　5-4　「地理総合」におけるデータ分析　41
　　　　人文地理学分野／自然地理学分野／定期試験での出題
　5-5　「地理探究・探究学習」に向けて　45

第 6 章　地図と GIS の学習指導におけるルーブリックと観点別評価（栗山絵理）　47
　6-1　「地理総合」元年の学習指導と観点別評価　47
　6-2　「地理院地図」を活用した学習指導（自然地理分野・ベクターデータの学習）　48
　6-3　「RESAS」を活用した学習指導（人文地理分野・ラスターデータの学習）　50
　6-4　「重ねるハザードマップ」を活用した学習指導（防災分野）　51
　6-5　学習指導ルーブリックと観点別評価の実例　52
　6-6　事後アンケートから読み取れる学習者の学び　54
　6-7　持続可能な観点別評価を目指して－相対評価から絶対評価へ　55

コラム④　観点別学習状況の評価（観点別評価）と評定（栗山絵理）　56

コラム⑤   観点別評価と試験問題 （栗山絵理） 57

第7章   GIS技能と地図表現技能，地理的な見方・考え方を涵養するのはどちら？ （小林岳人） 58
　7-1   デスクトップGISソフトウェアを利用した学習 58
　7-2   地理的技能を習得し地理的な見方・考え方を涵養する授業 59
　7-3   地理的技能と地理的な見方・考え方と興味関心の評価 60
　7-4   地理的な見方・考え方を導くのは何か？ 62
　7-5   地図表現の重要性と期待 64

コラム⑥   ICC 2019 Tokyo（国際地図学会議東京大会）ガラディナーにて （小林岳人） 66

第8章   「地理総合」における地図とGISを扱う授業と評価の進め方 （田中隆志） 67
　8-1   導入年度の地理総合の実施状況 67
　　　　「『地理総合』中間まとめにかかわる調査」について／授業の実態／3観点での評価と総括の実態／
　　　　「地理総合」の課題／「地理総合」に対しての必要な支援
　8-2   「地理総合」で求められる紙地図とWeb地図の活用 70
　　　　紙地図とWeb地図を併用する意義／紙ベースによる作図演習の例／Web地図の授業活用の例
　8-3   「地理院地図」で扱う基本技能の焦点化 73
　　　　「地理院地図」で扱う基本技能を絞る／「地理院地図」の演習授業の例
　8-4   新学習指導要領の目指す3観点評価による指導と評価の一体化 74
　8-5   地図とGISの学習活動での評価 75
　　　　「知識・技能」の総括的評価の例／「思考・判断・表現」の総括的評価の例／
　　　　「主体的に学習に取り組む態度」の総括的評価の例／地図とGISの学習活動での形成的評価の例／
　　　　3観点での評価の総括の例

第3部   大学における教員養成とGIS教育 80

第9章   大学教職科目で培うGISの考え方，技能，評価方法 （森　泰三） 80
　9-1   学習指導要領におけるGISの位置づけと学校のICT環境 80
　9-2   大学の教職課程で修得するGISの知識・技能と指導法 81
　　　　大学の教職課程の現状と課題／GISの知識・技能／GISを活用した授業の指導法
　9-3   教職科目におけるGIS活用の実習 82
　　　　「Google Earth」で見るセンターピボット方式／「地理院地図」の「自分で作る色別標高図」で
　　　　考える地形と防災／「地理院地図」の「自分で作る色別標高図と3D」で見る古墳の立地／
　　　　「今昔マップ on the web」で見る住宅団地の地域変容／「MANDARA10」で作る統計地図
　9-4   「地理総合」におけるGISの評価の方法 84

第 10 章　先端技術と GIS を活用した防災教育の実践　（塩﨑大輔・橋本雄一）　86

　10-1　教育における先端技術の活用　86

　10-2　VR 技術と防災教育　86

　10-3　疑似避難訓練システム　87

　10-4　大学における疑似避難訓練システムの活用　88

　10-5　GIS による VR 空間と現実空間の関連づけ　89

　10-6　異なる状況における疑似避難体験参加者の防災・減災に対する意識の変化　90

　10-7　新学習指導要領における 3 観点評価　91

コラム⑦　GIS で現地の教材を蓄積することの重要性　（木村圭司）　93

コラム⑧　大学教育における GIS とフィールドワーク　（中村康子）　96

第 11 章　「地理総合」と地図リテラシーの向上　（若林芳樹）　100

　11-1　デジタル化で様変わりした地図の作成と利用　100

　11-2　デジタル社会で求められる地図リテラシー　101

　11-3　情報リテラシーから見た地図　102

　11-4　メディアリテラシーから見た地図　103

　11-5　技術リテラシーから見た地図　104

　11-6　「地理総合」で学ぶ地図リテラシー　105

索引　108

QR コード一覧　110

第 1 章

学習指導要領における「地理総合」の GIS 教育

1-1　学習指導要領とは何か？

　本章は，必履修などを規定する学習指導要領とは何か，「地理総合」誕生の背景と科目の構造を概説する。そして地理教育における地図，GIS 学習の小中高校を一貫した位置づけを踏まえ，「地理総合」での GIS 教育の在り方，今後の方向性を解説する。

　学校教育では，学習内容や学習方法などを児童・生徒の発達段階に応じて体系的かつ計画的に配置したものをカリキュラム（Curriculum）と呼ぶ。カリキュラムは教育課程とも呼ばれ，各学校で教育課程を編成することで，子どもたちの学びを計画的に指導することが可能となる。子どもたちが全国のどの地域であっても，等しく一定水準の教育を受けられるように，各学校の教育課程を編成する基準を国全体で定めている国も多い。国全体のカリキュラム編成の基準はナショナルカリキュラム（National Curriculum）と呼ばれ，日本では学習指導要領が該当する。

　日本では，初等中等教育（小学校，中学校，高等学校等）で学ぶ学習内容は，国の基準として学習指導要領を定め，文部科学大臣が告知している。学習指導要領は，「学校教育法 33 条」の「…教科に関する事項は，…文部科学大臣が定める。」を受けて [1]，「学校教育法施行規則第 52 条」で「小学校の教育課程については，この節に定めるもののほか，教育課程の基準として文部科学大臣が別に公示する小学校学習指導要領によるものとする。」と規定されている [2]。

表 1-1　各改訂年の学習指導要領における高等学校地理教育の特徴

改訂年（告示年）	学習指導要領の主な特色	高等学校の地理教育，社会科教育の特徴
1947年（昭和22年）	「教師の手引き」として発表。「経験主義社会科」など生徒中心主義を実現化。	一般社会（5単位）が必履修。人文地理（5単位）は選択。高校に日本史は開設されず。
1951年（昭和26年）	「教育課程」として明示。	一般社会（5単位）が必履修。人文地理（5単位）は選択。高校に日本史と世界史が設置。
1958年・60年（昭和33年・35年）	「告示」による位置づけの明確化。教科の系統性，科学技術の重視。	地理A（3単位）と地理B（4単位）など10～15単位を選択。
1968年・69年・70年（昭和43・44年・45	最先端の学問成果を反映する「教育課程の現代化」。	3単位の地理A（系統地理）と地理B（外国地誌）など10～13単位を選択。
1977年・78年（昭和52年・53年）	「ゆとりの充実」が強調，授業時間が1割削減。	現代社会（4単位）の必履修。地理（3単位）などを選択。
1989年（平成元年）	社会の変化に対応するチカラを「新しい学力観」とし，選択科目の増加。	「地理歴史科」と「公民科」に分離。世界史は必履修。地理A（2単位）又は地理B（4単位）は選択。
1998年・99年（平成10年・11年）	「ゆとり」のなかで「生きる力」の育成を目標。「総合的な学習の時間」を設置。完全学校5日制が実施。学習指導要領は「最低基準」，学習内容の精選。	世界史は必履修。地理A（2単位）又は地理B（4単位）は選択。
2008年・09年（平成20年・21年）	教育基本法の改正を踏まえた改訂。「確かな学力」を育成するため授業時間数が増加。	世界史は必履修。地理A（2単位）又は地理B（4単位）は選択。
2017年・18年（平成29年・30年）	3つの学力を育成。学習方法は「主体的，対話的で深い学び」。カリキュラムマネジメントを各学校で。	地理総合（2単位），歴史総合（2単位），公共（2単位）がすべて必履修。地理探究（3単位）が選択。小学校3年生から「地図帳」を無償供与。

文部科学省（2017a）などをもとに作成。

学習指導要領の歴史は，1947（昭和22）年に「学習指導要領（試案）」が教師の手引きとしてスタートし，1951（昭和26）年改訂からは教育課程の基準となり，さらに1958（昭和33）年・1960（昭和35）年改訂では「大臣告示」として法的拘束力を有するようになった。その後，学習指導要領はおおむね10年に1度の頻度で改訂されており（表1-1），これは学校教育を取り巻く社会の変化，当該教科に関する学問の発達，さらに教育観の変化などを学習内容や学習方法などに反映させるためである。学習内容や方法，教科や科目の構成，さらには必履修などを規定する法的根拠となっている。

地理教育に関する学習指導要領を支える教育観として，たとえば小学校は「児童の地理的認識は，年齢を重ねて（発達段階に応じて）拡大する」という「同心円的拡大理論（学校の周り（1・2年生）→市町村（3年生）→都道府県（4年生）→国土（5年生）→世界（6年生））」が，重要な基本原理として戦後一貫している。また，系統地理学習と地誌学習のバランス，世界地誌と日本地誌の順序性，系統地理学習時の自然地理分野の順序性などは，学習指導要領の改訂時に議論となる。さらに，学習指導要領における学習内容の順序性に関する規定も変化している。たとえば，中学校地理分野では世界地誌を先に学ぶことは明示されているが，6州大陸の学習順は定められておらず，各教科書の著者が自由に学習順を決めることができるなど，さまざまな工夫が可能である。

1-2　「地理総合」必履修の背景と目的

1-2-1　平成30年改訂の背景と目的

現行の高等学校の学習指導要領は，2018（平成30）年に改訂，告示された（文部科学省2018）。2022（令和4）年から学年進行で，教室では「地理総合」の授業がスタートしている。今回の高等学校の社会科系教科の改訂は，地理，歴史，公民

の3科目をバランスよく全国民が学ぶことを目指している。過去，高等学校の社会科は，1989（平成元）年の改訂で地理歴史科と公民科に分かれ，地理歴史科は世界史のみが必履修科目，日本史と地理が選択科目となった。1989（平成元）年改訂で世界史が必履修科目となったのは，国際化への対応が急務の課題であったことがその要因といわれている。同時に，高校時代に日本史しか学習していない大学生が，「産業革命も知らないのに経済学を学ぶ…」「フランス革命も知らないのに民法を学ぶ…」などの問題点が大学教員から指摘されていたことも大きい。そこで，世界史を必履修科目としたが，2006（平成18）年に「世界史未履修」問題が発覚した。大学受験は日本史を選択する受験生が圧倒的に多い中，必履修科目の世界史を学習せずに，その時間に受験に直結する科目を学習していたと思われる。「受験に使わない世界史を学ぶことは時間の無駄」という考えが学校現場にあったのかもしれない。

このような反省を踏まえ，2018（平成30）年改訂では，日本史と世界史の枠にとらわれず，相互が一体化した「歴史総合」が新設された。同時に，「歴史の授業は戦後改革くらいまで…」と揶揄されるように，生徒たちにとって重要な近現代史の扱いが少ないことも課題として指摘されていたため，学習内容を近現代史に限定した。さらに，従来の「江戸時代」とか「明治時代」といった時代区分での整理ではなく，「近代化と私たち」「大衆化と私たち」「グローバル化と私たち」という内容項目になり，今を生きる高校生につながる歴史学習を強く意識している。同時に，公民科の必履修科目は，2016年からの18歳選挙権，2022年からの18歳成年に向けて，社会の形成者の直接的な学びを重視し，「現代社会」から「公共」へと変化した。

地理教育は，1978（昭和53）年改訂で現代社会が必履修科目となり，地理は選択科目となった。1989（平成元）年改訂で地理歴史科に分割されて

からは，世界史のみが必履修，日本史と地理が選択という状況になり，「文系は日本史，理系は地理」という履修選択のケースが主流となった。しかし，「イラクの場所を大学生の半分しか地図上で正確に答えることが出来ない」など，国民的な基礎教養としての地理的な知識の欠如が課題として指摘されてきた。また，阪神淡路大震災，東日本大震災などの自然災害に直面する中，自然環境と人間生活の関わりを学ぶ唯一の科目である地理が選択科目であることは，国民の命を守るためにも充実が必要との指摘が地理学界のみならず，学校安全の観点からもなされてきた。さらに，「地方創生」など，地域づくり，まちづくりへの関わりがますます高まっていく中，地域を扱う唯一の科目の地理が選択科目になっていることは，「高校生のバランスある成長にとって課題では」との指摘もなされた。

　一方，スマートフォンに地図アプリが当たり前のように入っているなど，地理空間情報は 21 世紀の社会生活には不可欠の基盤となっている。その地図や地理空間情報の基礎的な仕組みや活用の留意点などをきちんと学ぶためには，全国民が地理を学ぶべき，との指摘もなされてきた。

　以上の背景を踏まえ，約 50 年ぶりに地理は「地理総合（2 単位）」が高等学校で必履修科目として，「地理探究（3 単位）」が選択科目として設定された。2022 年 4 月より学年進行で全国の高校で授業がスタートしている。

1-2-2　必履修科目「地理総合」の概要

　「地理総合」は，大きく 3 つの大項目「A 地図や地理情報システムで捉える現代世界」「B 国際理解と国際協力」「C 持続可能な地域づくりと私たち」から構成されており，その内容構成は表 1-2 の通りである。

　「A　地図や地理情報システムで捉える現代世界」では，日常生活の中で見られる様々な地図や地理情報システムの役割や有用性を学習する。その中で，特に地理情報システムを活用し，情報を収集，読み取り，まとめる技能の育成も目指している。

　「B　国際理解と国際協力」では，宗教などを含めた世界の生活文化の多様性と，地球的な課題（SDGs など）を学習する。特に，中学校の「世界の諸地域」学習の繰り返しや，「地理探究」におけ

表 1-2　「地理総合」の内容構成

大項目	中項目	主な内容など
A　地図や地理情報システムで捉える現代世界		
	（1）地図や地理情報システムと現代世界	・様々な地図の読図，方位や時差，日本の位置と領域 ・日常生活の中で見られる様々な地図や地理情報システムの役割や有用性の理解 ・地理情報システム（GIS）を活用し，情報を収集，読み取り，まとめる技能
B　国際理解と国際協力		
	（1）生活文化の多様性と国際理解	・世界の人々の生活文化について，主題を設定し，多様性や変容の要因などを学習 ・中学校の「世界の諸地域」学習の繰り返しや，「地理探究」における「現代世界の諸地域」の学習と重複しないよう留意
	（2）地球的課題と国際協力	・地球環境問題，資源・エネルギー問題，人口・食料問題及び居住・都市問題などの地球的課題の学習
C　持続可能な地域づくりと私たち		
	（1）自然環境と防災	・地域の自然環境の特色と自然災害への備えや対応との関わりの学習（地震災害，津波災害，風水害，火山災害など） ・自然災害の規模や頻度，地域性を踏まえた備えや対応の重要性などの学習 ・ハザードマップや新旧地形図などを読図し，その地理情報から，自然災害と地形や土地利用の変化などの関係を学習
	（2）生活圏の調査と地域の展望	・生活圏の地理的課題について，地域の成り立ちや変容，持続可能な地域づくりに着目して，主題を設定し，課題解決に求められる取組などを展望。その際にGISを活用

文部科学省（2018）により作成。

る「現代世界の諸地域」の学習と重複しないよう留意することが学習指導要領には明記されている。

「C　持続可能な地域づくりと私たち」は，「自然災害と防災」と「生活圏の調査と地域の展望」の2つの中項目が設定されている。自然災害と防災に関する学習は，地域の自然環境の特色と自然災害への備えや対応との関わりを学習し，災害としては地震災害，津波災害，風水害，火山災害などを取り上げることとしている。また，ハザードマップや新旧地形図などを読図し，その地理情報から，自然災害と地形や土地利用の変化などの関係を学習することも求めている。もう1つの中項目「生活圏の調査と地域の展望」では，生活圏に関する地域調査を行い，地域内外の結びつき，地域の成り立ちや変容，持続可能な地域づくりなどに着目して，主題を設定し，課題解決に求められる取組などを考察する学習が展開される。特に，フィールドワークを推奨している。

1-3　「地理総合」における GIS 教育の位置づけ

1-3-1　地理教育における GIS 教育の位置づけ

社会科がスタートする小学校3年生から，地理（社会科）教育において地図学習が展開されており，その中に GIS が位置づけられている（表1-3）。小学校では，主に地形図や地図帳を用いることで，地図に表現された地域の特徴を理解する学習が展開されている。中学校では，地図学習の中でも GIS を用いた学習が学習指導要領に示されており，たとえば中学校の地理的分野では，学習目標を「情報を読み取る技能に関わって，地理的分野の学習で用いられる資料には，地図や統計，写真など様々あるが，その中でも最も重要な役割を果たしているのが地図である。」と解説している。さらに，中学校の地理的分野では「特にインターネットは各地の地理情報の収集に有効であり，また，コンピュータは地理情報システム

（GIS）などから得られる地理情報を地図化したり，グラフ化したりするなどの処理に不可欠のものである。」とし，「情報や情報手段を適切に活用できる技能を培う観点から，コンピュータや情報通信ネットワークなどの情報手段の活用を積極的に工夫することが望まれる」と学習指導要領を解説している。

学習指導要領に示された地図学習で育成すべき技能などを，小中高を一貫して再整理すると，次の通りである。

①情報を収集する技能（手段を考えて課題解決に必要な社会的事象等に関する情報を収集する技能）
　・必要な地図を収集する技能
　・主題図の作成意図や作成過程などの特性に留意して情報を収集する技能

②情報を読み取る技能（収集した情報を社会的事象の地理的な見方・考え方に沿って読み取る技能）
　・地図から目的に応じた必要な情報を選ぶ技能
　・地図の図法など用途や特性に留意して情報を読み取る技能
　・地図の図法など資料の用途に留意して，統計の単位，絶対値（相対値）など資料のきまりに留意して読み取る技能

③情報をまとめる技能（読み取った情報を課題解決に向けてまとめる技能）
　・情報を地図化して概観したり，地図を文章化して解釈，説明したり，受け手に分かりやすく情報をまとめ，伝える技能

小・中・高等学校の各学校段階において，これらの地図，GIS に関する技能を総合的に育成することが重要である。また，一度に全ての技能の達成するのではなく，児童・生徒の発達段階や興味関心を踏まえて，繰り返し指導することが重要である。

1-3-2　「地理総合」における GIS 教育の位置づけ

高等学校の必履修科目「地理総合（2単位）」では，GIS は「A　地図や地理情報システムで捉える現代世界」として位置づけられている。そこ

表 1-3　各学年別の学習指導要領における地図学習の扱い

	地図学習の主な内容	地図学習で育成する技能など
小学校3年	・身近な地域と市町村学習での地図の利用 ・「外国語活動」での地図帳の利用	・方位と記号化 ・地図帳で調べる技能
小学校4年	・都道府県学習での地図の利用 ・郷土の歴史を新旧の地図から調べる	・地図によるまとめる技能 ・地図のアーカイブ機能
小学校5年	・国土と自然環境の学習での地図活用 ・国土学習の前提としての世界地図学習	・地図から情報を読み取る技能と、地図に表現する技能
小学校6年	・国際理解教育における地図活用	・地図帳や地球儀を用いた世界地図を読図する技能
中学校 地理分野	・「地域調査の手法」としての地図（GISを含めた作業的な学習を実施） ・地形図の読図による自然環境や社会環境（集落形態など）の理解	・地図で表現し、説明する技能 ・GISの活用
高等学校 「地理総合」 （必履修）	・生活場面でのGISを含む様々な地図を用いることの有効性への理解 ・ハザードマップなどの防災教育での活用	・用途に応じた地図を選択しGIS等を活用する技能 ・防災教育に資する読図やGISの技能
高等学校 「地理探究」 （選択）	・国土像の探究を表現する地図やGIS	・地図やGISを総合的に活用して探究する技能

文部科学省（2017b），文部科学省（2017c），文部科学省（2018）により作成。

では，「日常生活の中で見られる様々な地図の読図などを基に，地図や地理情報システムの役割や有用性などについて理解すること」や「現代世界の様々な地理情報について，地図や地理情報システムなどを用いて，その情報を収集し，読み取り，まとめる基礎的・基本的な技能を身に付けること」が示されている。そして，「地図や地理情報システムが日常生活の様々な場面で持続可能な社会づくりのために果たしている役割やその有用性に気付くことができるよう工夫すること」が求められている。

また，最初の「A　地図や地理情報システムで捉える現代世界」に地図や GIS などを用いて情報を収集し，読み取り，まとめる学習活動を位置付けたのは，「汎用的で実践的な地理的技能は，「地理総合」の学習全体を通して，作業的で具体的な体験を伴う学習活動を行うことで習熟」するためと解説している。つまり，GIS の技術や理論は「A　地図や地理情報システムで捉える現代世界」で学習を完結させるのではなく，あくまでも導入に留め，以降の「B　国際理解と国際協力」と「C　持続可能な地域づくりと私たち」の学習活動の中

で，実践的に GIS を活用することを目指している。たとえば，「C　持続可能な地域づくりと私たち」の学習で，ハザードマップの読図などを通じて，日常生活と結びついた地図の技能を身に付けることで，防災意識を高めることなどが例示されている。

また，データの性質（絶対値 or 相対値）やデータの標本単位（市区町村 or メッシュ）などを勘案して，ふさわしい（ふさわしくない）主題図表現を選択する技能なども重要である。たとえば，2021（令和 3）年度大学入試共通テスト（2022 年1 月 16 日実施）で，その技能を問う出題もなされている（図 1-1）。いたずらに GIS の詳細な技術的技能の習得にこだわらず，GIS の有用性を理解する学習が重要であることが示されている。

一方，2009（平成 21）年告示の「地理 B（4単位）」では，GIS は大項目「1　様々な地図と地理的技能」に位置づけられていた。しかし，現行学習指導要領の選択科目「地理探究（3 単位）」では，GIS や地図は項目として位置づけられていない。GIS に関しては，最後の大項目「C　現代世界におけるこれからの日本の国土像」の「持続

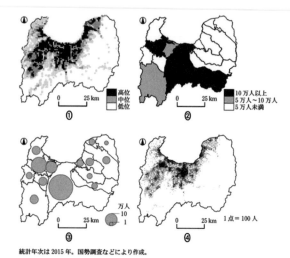

統計年次は2015年。国勢調査などにより作成。

図1-1　大学入試における地図表現の出題例 [3]
大学入試センター（2022）第1問・問4を転載。

可能な国土像の探究」の学習で，「地図帳，国土地理院発行の地形図など各種の地図，また，GISなどに関わる地理的技能を十分に活用して学習を進める」と学習の集大成を行う中で触れられる程度である。

　「地理探究」でGISを項目として取り上げることがないため，「地理総合」では，「A　地図や地理情報システムで捉える現代世界」でGISの基礎と有用性を学習し，以降の学習で実践的に活用することが重要である。その成果を踏まえて，「地理探究」では，より深い学習とすることが求められている。

1-4　学習指導要領の変遷からみたGIS教育の方向性

　現行学習指導要領における「地理総合」でのGIS学習は，GISの技術や技能そのものよりも，GISの有効性を知り，GISに関心を持って活用することが重要である。その際に，現行学習指導要領で重視している「主体的で対話的な深い学び」を支える「単元を貫く問い」を意識した学習が必要である。生徒が自ら「問い」を立てて，「問い」を探究するための技能として，GISの活用が期待

されている。

　たとえば，「地理的な見方・考え方」を支える「問い」として，①位置や分布，②場所，③人間と自然の相互依存関係，④空間的相互依存作用，⑤地域などの視点を踏まえることが重要である。さらに，状態，要因，判断の3断面別に，図1-2のような「問い」を設定し，GISを用いて主題図を描いたり，各種地図をGISで分析したり（例：距離の計測や断面図の分析など）する学習が求められている。

　「地理総合」にGISが内容項目として位置づけられた2018（平成30）年告示の頃は，「学校には，端末がパソコン教室に40台しかないため，GISの授業時間を確保することはできない」と懸念されていた。しかし，新型コロナ禍を契機に，児童・生徒の「1人1台端末（タブレット）」や「普通教室のWi-Fi環境」などを整備する「GIGAスクール構想」が推進されたことで，GISの授業実践は環境面では可能になった。「地理総合」におけるGISの授業は，教育界，地理学界が一丸となって教員の授業実践力を研鑽するステージにある。

　同時に，教員免許法では人文地理，自然地理，地誌の最低限度の履修で地理歴史科の教員免許が交付されるが，その中にGISを如何に組み込むかも課題である。地理を専門として大学で学ぶか否かを問わず，GISの指導を意識した教員養成の在り方が問われている。同時に，教員免許更新講習が発展的に解消されたこともあり，現職教員を対象とした大学等によるGIS研修の重要性も高まっている。

　一方，「概ね10年に1度の改訂」と言われる学習指導要領，次期改訂も10年周期とすれば2027年，2028年頃となり，2025年頃から次期改訂に向けた議論が本格化すると想定される。最近の中央教育審議会では，「OECD・Education2030 [4]」などを踏まえた議論が展開されており，「個別最適な学びと，協働的な学びの実現」をコンセプトにした議論が展開されている（中央教育審議会

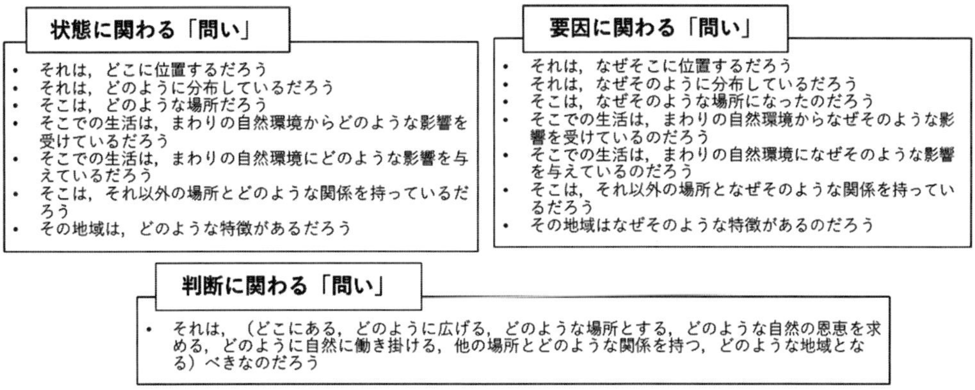

```
┌─────────────────────────────┐   ┌─────────────────────────────┐
│ 状態に関わる「問い」         │   │ 要因に関わる「問い」         │
```

状態に関わる「問い」
- それは，どこに位置するだろう
- それは，どのように分布しているだろう
- そこは，どのような場所だろう
- そこでの生活は，まわりの自然環境からどのような影響を受けているだろう
- そこでの生活は，まわりの自然環境にどのような影響を与えているだろう
- そこは，それ以外の場所とどのような関係を持っているだろう
- その地域は，どのような特徴があるだろう

要因に関わる「問い」
- それは，なぜそこに位置するだろう
- それは，なぜそのように分布しているだろう
- そこは，なぜそのような場所になったのだろう
- そこでの生活は，まわりの自然環境からなぜそのような影響を受けているのだろう
- そこでの生活は，まわりの自然環境になぜそのような影響を与えているのだろう
- そこは，それ以外の場所となぜそのような関係を持っているだろう
- その地域はなぜそのような特徴があるのだろう

判断に関わる「問い」
- それは，（どこにある，どのように広げる，どのような場所とする，どのような自然の恩恵を求める，どのように自然に働き掛ける，他の場所とどのような関係を持つ，どのような地域となる）べきなのだろう

図1-2　地理的な見方・考え方を活かした「問い」のイメージ
中央教育審議会（2016年）「別添資料3-5」により作成。

2016）。新型コロナ禍でオンライン授業が実施されたことで，GISの知識や技能の学習，GISを活用した表現力の学習も，オンラインで代替した授業が全国で多数実践された。一方で，新型コロナ禍で「教室で対面する学び」の重要性も再認識された。教室での学びがもつ「協働的な学び」の重要性が益々高まっている。ICTを活かしたGIGAスクールの中で[5]，教室での対面授業でしかできない「地理総合」とGISの学習とは何か，が問われている。　　　　　　　　　　（三橋浩志）

注

1) 中学校は第48条，高等学校は第52条，中等教育学校は第68条，特別支援学校は第77条に準用を規定している。

2) 中学校は第74条。高等学校は第84条，中等教育学校は第109条，特別支援学校は第129条で準用を規定している。

3) 「人口の表現として適当でない統計地図を選びなさい」という設問で，②が正解である。絶対値を階級区分図（コロプレスマップ）で表現すると，面積の広い市町村の塗色に視線が引き付けられて，空間的な分布や地域傾向を誤解することを実際の作業学習などで実感し，理解しているかを問う設問である。

4) OECD（経済協力開発機構）は，2015年からスタートした「Education 2030プロジェクト」において，AIの発達や移民の増加などの社会変化が著しい2030年という近未来において，子ども達に求められる資質・能力を検討し，その育成につながるカリキュラムや教授法，学習評価などを整理した。2018年2月にポジション・ペーパー，2019年5月にコンセプト・ノートを公表した。たとえば，コンピテンシーの過度の重視に対する批判に対して，「エージェンシー（自ら考え，主体的に行動して，責任をもって社会変革を実現していく姿勢・意欲）」の概念などを提起した。白井（2020）は，今後の日本の教育を考えていく上で重要な示唆となる報告書と指摘している。

5) 「ChatGPT」などの生成系AIの授業での利用が議論となり，2023年7月には文部科学省から暫定的なガイドラインが公表されるなど，ICT活用には議題も多い。

文献

白井　俊　2020.『OECD Education 2030プロジェクトが描く教育の未来－エージェンシー，資質・能力とカリキュラム』ミネルヴァ書房.

大学入試センター　2022.『2021年度大学入試共通テスト「地理A（本試験）」』

中央教育審議会　2016.『幼稚園，小学校，中学校，高等学校及び特別支援学校の学習指導要領等の改善及び必要な方策等について（答申）』中教審答申第197号（平成28年12月21日）.

文部科学省　2017a.『新しい学習指導要領の考え方：学習指導要領の変遷』

文部科学省　2017b.『小学校学習指導要領（平成29年告示）解説　社会編』

文部科学省　2017c.『中学校学習指導要領』（平成29年告示）解説　社会編』

文部科学省　2018.『高等学校学習指導要領（平成30年告示）解説　地理歴史編』

第 **2** 章

国土地理院における「地理総合」への支援

2-1　国土地理院による取り組みの概要

2-1-1　取り組みの背景

　国土地理院では，2022（令和 4）年度からの高等学校における「地理総合」の必履修化について，教育現場や地域への防災・地理教育に関する支援を行っているのでその取り組みを紹介する。

　2015（平成 27）年当時，文部科学省の中央教育審議会において学習指導要領に関する検討が行われていた。2015（平成 27）年 8 月に同審議会の教育課程企画特別部会がまとめた「論点整理」では，これからの時代の特徴として将来の変化を予測することが困難な複雑で変化の激しい社会やグローバル化の進展する社会が掲げられている（文部科学省 2015）。次代を担う子どもたちあるいは若者たちには，国家および社会の形成者として必要な知識や思考力を基盤とし，自ら問題を発見しつつ主体的に判断しながら課題を解決する力や，地域や世界の思想や思考の多様性を理解して持続可能な社会づくりの観点から地球規模の諸課題や地域課題を解決する力が求められ，これらの力を育んでいくことが必要とされた。このため，特に高等学校において，①地図や GIS などの汎用的な地理的技能の育成，②世界の多様性の理解と地球規模の諸課題の解決に向けた考察，③防災と持続可能な社会づくりのための対策の探究を柱とする地理教育の充実，強化が検討された。

　一方，近年頻発する異常な気象現象，大規模な地震災害や火山噴火，切迫する首都直下地震，南海トラフ巨大地震，津波の発生に備え，自らの命と生活を守るために住民ひとりひとりが平常時から地域の災害リスクを理解し，自らの知識と情報に基づいて主体的に避難行動を判断することが求められてきた。災害発生時に児童，生徒が地域防災に大きな役割を果たすことが 2011（平成 23）年 3 月 11 日に発生した東日本大震災においても実証されており，幼少期からの防災教育が急務となった（岩手県教育委員会 2014; 岩手大学 2017）。地図や地理空間情報を用いて地域を理解することは防災の基本であり，その意味でも地理教育の充実が求められている。

　2017（平成 29）年 3 月に小学校学習指導要領および中学校学習指導要領が告示された。翌年 3 月には，高等学校学習指導要領が告示され，2022（令和 4）年度から「地理総合」が必履修科目となった。これらにより，小・中学校，高等学校それぞれの段階において，防災や地域・地球的課題への取り組みの理解や地図や地理空間情報を用いて地理的な情報を調べまとめる技能の習得などを内容とした地理教育の充実と強化を行っていくことが示された（文部科学省 2018）。

2-1-2　国土地理院の対応

　国土地理院は，これまでも子どもたちを対象としたイベントや学校への出前授業，全国児童生徒地図優秀作品展など，測量事業や教育分野の関係者と協力した教育の支援活動を行ってきたが，自ら直接に地理教育支援への取り組みの在り方を取

り上げて議論することはなかった。しかし，前述したように地理教育の重要性や緊急性が示される中，国土の多様で豊かな恵みを次の世代に引き継ぐための基盤づくりとして，地理教育に関する支援として体系化し，組織的に取り組む必要があるとの認識に立ち，2015（平成 27）年 11 月に国土地理院は，内部に組織横断的なプロジェクトチームとして「地理教育支援チーム」（以後，「支援チーム」と記す）を設置した。支援チームは，地理教育の現状と課題について調査を行うとともに，「国土地理院地理教育勉強会」（以後，「地理教育勉強会」と記す）を 2016（平成 28）年 5 月まで定期的に開催し，国土地理院における地理教育支援の在り方についての議論を行った。その結果は，同年 6 月に「地理教育の支援に向けた課題の整理と具体的取組への提言～国土の豊かな恵みを次の世代に引き継ぐために～（案）」として取りまとめられた（国土地理院地理教育勉強会，2016）。

　また，国土地理院長の私的諮問機関である測量行政懇談会において 2017（平成 29）年 3 月に「地理教育支援検討部会」が設置され，外部有識者の議論も実施された。地理教育支援検討部会は，地理教育を通じて地域の防災力を高めて地理空間情報活用社会を実現するために国土地理院に期待される役割について議論を行い，2019（平成 31）年 3 月に「地理を通じて自然災害から身を守るために－災害を知り災害に備えるための地理教育－」を提言として取りまとめた（測量行政懇談会地理教育支援検討部会，2019）。

　国土地理院は，この提言を踏まえ，国土地理院に期待される役割を国土地理院のウェブサイトで公開するとともに，役割を果たすための地理教育支援に関する取り組みとして，地理教育支援に関するウェブサイト「地理教育の道具箱」の公開，ウェブ地図「地理院地図」機能の充実，教科書・教材出版社への説明会の開催，サマースクールや出前講座の実施，地域の防災・減災に役立つハザー

ドマップポータルサイトの運営，新しい地図記号「自然災害伝承碑」の公開などを実施している。

　次節からは，「地理総合」への支援としての具体的な取り組みを紹介する。

2-2 「地理教育の道具箱」の公開

2-2-1 「地理教育の道具箱」とは

　国土地理院は，地図や地理，防災を学びたい方，教育分野の関係者の方々に向け，国土地理院のコンテンツやツールについて紹介をする地理教育支援のためのウェブサイト「地理教育の道具箱」を 2016（平成 28）年 7 月に公開した。また，国土地理院は地理教育の道具箱の周知を行うとともに，教育現場で求められるコンテンツやツールを把握するため教員で構成されている地理の研究会へのヒアリングを行い，実際に現場で国土地理院のコンテンツなどを活用してもらうための検討を実施した。

　その検討結果を受け，国土地理院は，コンテンツやツールに関して「何を」，「どのように」使えばよいかなど，地域での学習や学校の授業のヒントになる項目を学校教育の学習単元に合わせた情報や活用例として整理した。検討結果を受けたウェブサイト「地理教育の道具箱」は，わかりやすくかつ活用しやすいユーザーインターフェースに改良し，2019（平成 31）年 4 月に再公開した（https://www.gsi.go.jp/CHIRIKYOUIKU/）。

　「地理教育の道具箱」の主な特徴には，次の 4 つがある。

2-2-2 対象の明確化

　2016（平成 28）年に公開した「地理教育の道具箱」のトップ画面は，地理教育勉強会が取りまとめた提言，各種地図，日本の地形，国土の情報など，いろいろな情報が一緒に表示されており，わかりづらかった。そこで，改良版のトップ画面は，一般向けの「地図で学ぶ防災ポータル」，教

育分野の関係者向けの「地理教育支援コンテンツ」，教科書・教材出版社や学生向けの「説明会やサマースクールのご案内」の3つに区分され，対象が明確になっている（図2-1）。

図2-1　地理教育の道具箱
国土地理院「地理教育の道具箱」による。

2-2-3　コンテンツの探しやすさ

　このサイトでは，イラストを用いたアイコンが活用され，直感的に知りたい（目的の）コンテンツを探せるような工夫がなされている。また，キャラクターによる対話型の学習コンテンツにより，仮想的に会話風景が再現されるようになっている。たとえば，図2-2のように「災害から逃げる」，「災害に備える」，「災害から学ぶ」といった項目が，

図2-2　アイコンを活用したウェブサイト
国土地理院「地理教育の道具箱」による。

イラストのアイコンでわかりやすくされるとともに，「崩壊地等と土地の起伏」のようにイラストによる解説を入れることで，容易に理解できるようになっている。

2-2-4　学習単元ごとの整理

　地理教育支援コンテンツは，学校教育の学習課程を考慮した4段階の成長過程と，「身近な地域」や「日本の国土」など学習単元とで整理されており，教育分野の関係者が希望するコンテンツを見つけ易いように工夫されている。たとえば，成長過程にあわせたコンテンツは，小学3・4年生，小学5年生，中学生，高校生というようにまとめられている。

2-2-5　すぐに授業で活用できるコンテンツ

　このサイトでは，「地理院地図」を中心としたコンテンツを使い，学習した内容から身近な地域学習へ誘導するような仕組みを作っている。さらに，これは検索機能を用いて身近な地域における類似の地形を学習できるようになっている。たとえば，図2-3のように「自然災害伝承碑」を活用した地域に伝わる災害の記録を学ぶコンテンツでは，日常生活を導入部として実災害を踏まえて土地の成り立ちまでを学習できる。

図2-3　自然災害伝承碑の活用コンテンツ
国土地理院「地理教育の道具箱」による。

2-3 「地理院地図」の充実

2-3-1 「地理院地図」とは

　国土地理院が運用しているウェブ地図「地理院地図」は，画面左上の「地図」ボタンから国土地理院が整備する地図，空中写真，標高，土地の成り立ちを表した地図，災害情報など，さまざまな地理空間情報のデータを一元的に表示できる（図2-4）。この「地理院地図」は，インターネットに接続されたパソコンやスマートフォンがあれば，いつでも，どこでも，誰でも利用可能で，利用登録などは不要である。

　「地理院地図」には，次のような特徴がある。（1）高速道路や鉄道などは，開通日（開通時間）に合わせて反映されている。（2）最新の写真だけでなく，昔（戦後～）の写真も表示できる。（3）好きな場所の土地の高さを簡単に調べることができる。（4）高さごとに自由に色分けした地図を簡単に作成できる。（5）3D 表示が可能である。

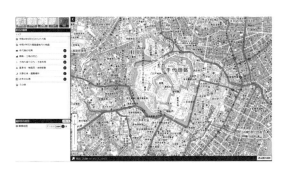

図 2-4　地理院地図（標準地図：ズームレベル 15）
国土地理院「地理院地図」による。

2-3-2 空中写真を見る

　「地理院地図」では，国土地理院が撮影した空中写真のほか，国土交通省の各地方整備局などが撮影した空中写真をつなぎ合わせたものを，全国最新写真（シームレス）で閲覧することができる。また，最新の全国の空中写真のほかに年代別の空中写真を見ることもできる。年代別の空中写真は地域によっては閲覧できない場合もあるが，東京都心などでは第二次世界大戦以前に撮影された空中写真も閲覧することができる。さらに，大きな災害が発生した場合，国土地理院は，緊急に撮影された被災地の空中写真を，直ちに「地理院地図」から公開している。

2-3-3 防災地理情報を知る

　土地の成り立ちを表した地図や災害履歴が分かる地理空間情報を「防災地理情報」と呼び，「地理院地図」ではこれらの閲覧が可能である。たとえば，土地の成り立ちを分類した地図情報である「地形分類」を表示させ，地図上をクリックするだけで，その場所の地形分類名のほか，その地形はどのようにできたのか，その地形の場所にはどのような自然災害リスクがあるのかといったことを確認することができる。また，国土地理院が明治期に作成した地図から当時の低湿地の分布を抽出した「明治期の低湿地」も閲覧ができる。これらのデータから海や沼を埋め立てた場所が分かり，インフラ整備の設計をする際に必要になるその土地の脆弱性の確認などに利用することができる。

　2019（令和元）年 6 月には，過去の災害の教訓を後世に伝える新たな防災地理情報として「自然災害伝承碑」が「地理院地図」で新たに公開された。これを用い，地形分類や明治期の低湿地を確認することで，災害リスクの把握と将来の災害への備えに役立てることができる。

2-3-4 他機関で整備した地理空間情報

　「地理院地図」では，国土地理院が整備している地理空間情報だけでなく，他の機関が整備している地理空間情報も閲覧することができる。一例としては，産業技術総合研究所が整備・公開している「20 万分の 1 日本シームレス地質図」があり，地図上をクリックすると地質図の凡例が表示される。これに災害発生後に撮影した空中写真を

重ね合わせることで，土砂災害と地質の関係など
を確認することができる。

2-3-5　地形断面図の作成機能

「地理院地図」では，地図上でクリックした経
路の地形断面図を作成することができる。画面右
上のメニュー「ツール」－「断面図」から地図上
で経路を指定すると，その経路の地形断面図が作
成できる。また，作成した断面図のデータを CSV
形式で保存することができるので，表計算ソフト
などでの利用が可能である（図 2-5）。

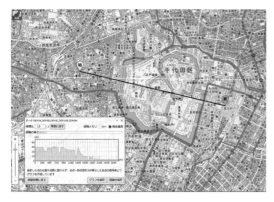

図 2-5　断面図（皇居周辺）
国土地理院「地理院地図」による。

2-3-6　色別標高図の作成機能

標高値を色で塗り分けた地図（段彩図）は従来
から多く存在するが，表示縮尺を自由に変えられ
るウェブ地図とは必ずしも相性の良いものではな
かった。一例として，標高ゼロメートルを青色に，
標高 3,776m（富士山の山頂）を赤色にして段彩
図を作ると，平野部では全面が青色や緑色になっ
てしまい，微小な起伏が全く分からなくなってし
まう。

「地理院地図」の「自分で作る色別標高図」で
は，自分で高さの階級や色を設定できる。画面左
上のメニュー「地図」－「標高・土地の凹凸」－
「自分で作る色別標高図」を選択すると利用でき
る。これには，画面内の最高標高値と最低標高値
からワンクリックで適切な色分けをする「自動作

成」という機能もある。

「自分で作る色別標高図」では標高の階級と色
を自由に設定できるので，広域の標高地図を作る
ときは 100 m 間隔に色分けし，狭域の標高地図
を作るときは 1 m 間隔に色分けするといったこと
ができる（図 2-6）。

図 2-6　自分で作る色別標高図（荒川下流）
標高 1m 間隔で色分け。国土地理院「地理院地図」による。

2-3-7　2 つの情報を比較できる機能

「地理院地図」には，画面を分割して 2 つの地
図や写真を見比べることのできる 2 画面表示機
能がある。この機能には「並べて比較」と「重ね
て比較」の 2 つがあり，画面右上のメニュー「ツー
ル」を選んだ後に，「並べて比較」もしくは「重
ねて比較」を選択すると利用できる。

「並べて比較」は，同じ範囲の地図や写真を左
右に並べて比較する機能であり，表示範囲全体を
比較することができる。一方，「重ねて比較」は，
同じ範囲の重なった地図や写真をカーテンのよう

図 2-7　地図と空中写真を重ねて比較
左は標準地図，右は全国最新写真（シームレス）。国土地理院「地理院地図」による。

に比較する機能であり，局所部分を比較することができる（図 2-7）。

2-3-8　その他の機能

これまでに紹介した機能のほかにも「地理院地図」には，地図上への作図，距離や面積の計測，磁北線や等距圏，方位線の表示機能などもある。「地理院地図」の操作方法や活用方法は「地理院地図の使い方」サイト（https://maps.gsi.go.jp/help/intro/）で紹介されている。また，YouTube「国土地理院・地理院地図チャンネル」（https://www.youtube.com/c/gsimaps）でも各機能の操作方法が動画で解説されている。

2-4 地域の防災・減災に役立つ 「ハザードマップポータルサイト」

2-4-1　「ハザードマップポータルサイト」とは

災害から命を守るためには，身のまわりでどんな災害が起こる危険性があるのか，どこへ避難すればよいのか，事前に把握し，備えておくことが重要である。

「ハザードマップポータルサイト」は，国土交通省水管理・国土保全局と国土地理院などが連携し，住民などの防災意識向上を図ることを目的

図 2-8　ハザードマップポータルサイト
国土交通省「ハザードマップポータルサイト」による。

に，事前の防災対策や防災教育，災害時の避難など，様々な防災に役立つ情報を提供するサイトである。本サイトには「重ねるハザードマップ」と「わがまちハザードマップ」の 2 つのコンテンツがあり，2023（令和 5）年には，ユニバーサルデザインに対応して誰でも簡単に災害リスクを理解できるように改良した（図 2-8）。

2-4-2　「重ねるハザードマップ」

2014（平成 26）年 6 月から運用開始した「重ねるハザードマップ」は，洪水・土砂災害・高潮・津波のリスク情報，道路防災情報，土地の特徴・成り立ちなどを地図や写真に自由に重ねて表示できるサイトである。

トップページのリスク情報のピクトグラムを選択すると「地理院地図」（淡色地図）上にリスク情報が表示される。さらに，地図の左上のパネルでさまざまなリスク情報や地図などを選択すると，それらを重ねて表示させることができる（図 2-9）。

図 2-9　重ねるハザードマップ
国土交通省「ハザードマップポータルサイト」による。

また，「重ねるハザードマップ」の特徴の 1 つは，複数の地方公共団体や河川管理者にて作成されたリスク情報をウェブ地図上にてシームレスに閲覧できることである（図 2-10）。ただし，整備中のリスク情報や，各管理者が作成するリスク情報な

どが，本サイトにすべて掲載されているとは限らないため，実際に避難計画を検討する際には，地方公共団体が作成する最新かつ詳細な情報が掲載されたハザードマップとあわせて確認することを推奨する。

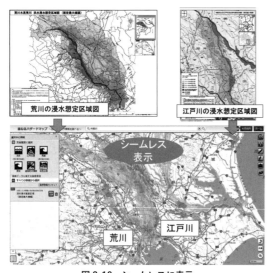

図 2-10　シームレスに表示
国土交通省「ハザードマップポータルサイト」による。

2-4-3　「わがまちハザードマップ」

2007（平成 19）年 4 月より運用開始した「わがまちハザードマップ」は，各地方公共団体が作成したハザードマップへのリンク集である。この

図 2-11　わがまちハザードマップ
国土交通省「ハザードマップポータルサイト」による。

サイトでは，地域ごとの様々な種類のハザードマップや関係法令に基づいて作成された詳細なハザードマップを簡単に検索し閲覧できる（図2-11）。

ここで閲覧できるコンテンツを活用することで，防災教育に役立つ情報を手軽に確認でき，災害に備えた避難計画などを策定することが可能となるため，日頃より事前防災に対する住民の意識向上に役立てることがきる。

2-5　新たな地図記号 「自然災害伝承碑」

2-5-1　地図記号「自然災害伝承碑」の制定

日本は，その位置，地形，地質，気象などの自然的条件によって，昔から数多くの自然災害に見舞われてきた。その中で先人たちは，その被害と教訓を後世に伝えようと，恒久的な石碑やモニュメントとして遺してきた。しかしながら，これまではこれらの情報は十分に伝承されず，過去からの貴重なメッセージを十分に活かし切れていなかった。

そこで，国土地理院は，地図・測量分野から地域の防災力向上と自然災害による被害の軽減を目

表 2-1　自然災害伝承碑の属性情報

①	碑名	自然災害伝承碑の名称
②	災害名	同碑の対象となっている災害名
③	災害種別	同碑の対象となっている災害の種類（洪水，土砂災害，高潮，地震，津波，火山災害など）
④	建立年	同碑が建立された年
⑤	所在地	同碑の所在地（緯度経度）
⑥	伝承内容	災害規模や被害状況など同碑に刻まれた碑文の内容や災害記録を１００字程度に要約した情報
⑦	写真	同碑の写真

国土地理院「地理院地図」に表示される属性情報。

指し，これらの石碑やモニュメントの情報を整備するために 2019（令和元）年 6 月に新たな地図記号「自然災害伝承碑」を公開した。「自然災害伝承碑」としては，碑名や所在地，伝承内容などの 7 つの属性が地図記号と一緒に整備・提供されている（表 2-1）。そして，地域住民が過去の教訓を踏まえた的確な防災行動をとれるように，「自然災害伝承碑」の情報は，同年 6 月 19 日から「地理院地図」で公開され，同年 9 月からは 2 万 5 千分 1 地形図にも掲載されるようになった（図 2-12）。

図 2-12　自然災害伝承碑の地図記号
国土地理院ウェブサイト「地図記号一覧」による。

2-5-2　「地理院地図」での公開状況

　ここからは，「自然災害伝承碑」の公開状況と，これを活用した地域の災害伝承の取り組みを紹介する。「地理院地図」において公開している「自然災害伝承碑」には，7 つの属性情報が含まれており，これらは「自然災害伝承碑」のアイコンをクリックすると表示される。

　国土地理院は，都道府県や市区町村などと連携

して継続的に「自然災害伝承碑」の情報を整備し，2023（令和 5）年 7 月 27 日時点で 558 市区町村 1,933 基を公開している（図 2-13）。たとえば，令和 5 年 7 月 27 日に追加公開した碑の中には，東京都大田区に建立された，関東大震災の教訓を伝える碑「大震災殃死者供養塔」がある。

2-5-3　「自然災害伝承碑」を通じた　　　　災害伝承の取り組み

　自然災害伝承碑の情報に関しては，学校教育現場や防災・減災の施策での活用のほか，ジオパークや博物館での利用や，地域学習の中での利用も増えている。日本の災害対策に関する基本的な計画である防災基本計画では，国と地方公共団体が「災害に関する石碑やモニュメントなどの持つ意味を正しく後世に伝えていく」こと，住民が「自ら災害教訓の伝承に努める」ことが明記されており，今後もこの取り組みを推進していく必要がある。

　国土地理院ウェブサイトでは「自然災害伝承碑」の利活用事例が紹介されている（https://www.gsi.go.jp/bousaichiri/denshouhi_utilization.html）（図 2-14）。なお，「自然災害伝承碑」やその活用事例などについて，情報をお持ちの方は，該当市区町村や最寄りの国土地理院地方測量部（支所）へ情報提供をお願いしたい（https://www.gsi.

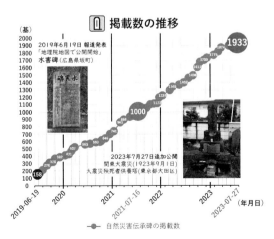

図 2-13　自然災害伝承碑の公開推移（2023 年 7 月 27 日時点）
国土地理院ウェブサイトによる。

図 2-14　国土地理院ウェブサイトに紹介されている
自然災害伝承碑利活用事例
国土地理院ウェブサイトによる。

go.jp/bousaichiri/denshouhi_info.html）。

　国土地理院は，今後も文部科学省や都道府県の教育委員会，地域の地理研究会などと連携し，防災・地理教育に関する支援として，教育分野の関係者の方々に対して，地理教育や防災教育に関する資料やコンテンツの活用事例の公開，出前講座の講演などの取り組みを継続的に行う所存である。　　　　　　　　　　　　　　　　（大塚　力）

文献

文部科学省　2018. 高等学校学習指導要領（平成30年告示）. https://www.mext.go.jp/content/20230120-mxt_kyoiku02-100002604_03.pdf（最終閲覧日：2023年3月16日）

文部科学省　2015. 教育課程企画特別部会 論点整理. https://www.mext.go.jp/b_menu/shingi/chukyo/chukyo3/053/sonota/1361117.htm（最終閲覧日：2023年3月16日）

岩手県教育委員会　2014. 岩手県教育委員会東日本大震災津波記録誌. http://iwate-archive.pref.iwate.jp/wp/wp-content/uploads/2017/03/68d656edad77d9e881e94e300a6156d9.pdf（最終閲覧日：2023年3月16日）

岩手大学　2017. 震災を生き抜いた子どもたちが学んだ津波の歴史と防災：地域に学ぶ教育実践の記録・釜石東中学校（1）. https://iwate-u.repo.nii.ac.jp/?action=pages_view_main&active_action=repository_view_main_item_detail&item_id=14197&item_no=1&page_id=13&block_id=21（最終閲覧日：2023年3月16日）

国土地理院地理教育勉強会　2016. 地理教育の支援に向けた課題の整理と具体的取組への提言〜国土の豊かな恵みを次の世代に引き継ぐために〜（案）. https://www.gsi.go.jp/common/000141445.pdf（最終閲覧日：2023年3月16日）

測量行政懇談会　2019. 地理を通じて自然災害から身を守るために −災害を知り災害に備えるための地理教育−. https://www.gsi.go.jp/common/000212935.pdf（最終閲覧日：2023年3月16日）

第**3**章

「地理総合」の教科書における GIS

3-1　GIS の基礎知識

3-1-1　GIS とデータ

　「地理総合」において，GIS（地理情報システム)は主要な内容の 1 つとなっている。本章では，この GIS の基礎知識を解説した後に，「地理総合」の教科書における GIS の記載内容の特徴について解説する。

　GIS は，点・線・面などで構成される空間データ（図形データ）と，表形式で入力される属性

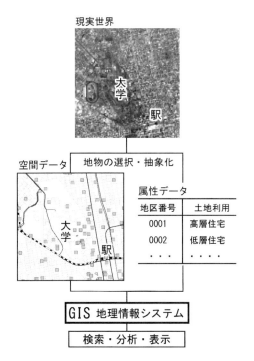

図 3-1　GIS の概念
橋本編（2022）により作成。

データをコンピュータなどで統合した地理空間情報（G 空間情報）を，検索・分析・表示（可視化）できるようにしたシステムである（橋本編，2022）。なお，現実世界の地物（地図に表記できるものの総称）を目的にあわせて選択し，抽象化してデータ化したものを地理空間情報という（図 3-1）。

　地理空間情報のデータモデルとしては，レイヤー（構造化）モデルが一般的に用いられている。レイヤーモデルは，道路，河川，行政界，等高線などの地物を層状に積み重ねたモデルである。

　このレイヤーモデルのデータは内容によってベクター形式またはラスター形式で記述される。ベクター形式のデータ（ベクターデータ）は，点（ポイント），線（ライン），面（ポリゴン）で構成され，離散的な地物情報（道路，河川など）で用いられる。ラスター形式のデータ(ラスターデータ)は，地表を分割したセルで構成され，衛星画像や空中写真など連続的な地表面情報（標高，写真など）で用いられる（図 3-2）。

3-1-2　GIS の機能

　GIS は，さまざまな情報を重ね合わせて閲覧するだけのものではない。GIS を用いれば地図上で新たな空間データを作成したり，属性情報や空間情報を検索したりすることができる（図 3-3）。

　駅から 2km の範囲を覆う空間データを作成したり，何らかのルールで土地を分割したりする新たに空間データを作り出す機能を領域生成と呼ぶ。これには，バッファーやボロノイ分割（ティー

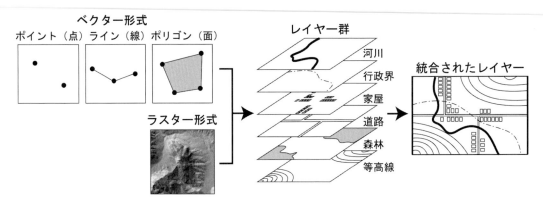

図 3-2 　ベクター形式のレイヤーモデル
橋本編（2022）により作成。

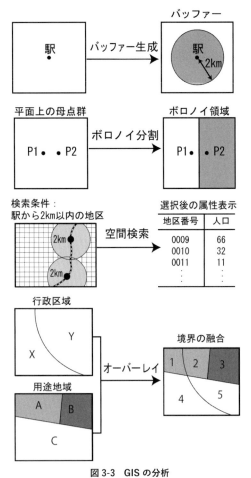

図 3-3 　GIS の分析
橋本編（2022）により作成。

セン分割）などが含まれる。バッファーは，オブジェクトが周辺に及ぼす影響を分析するために，任意の点，線，面から等距離にある新たな領域（バッファー）を生成する手法である。また，ボロノイ分割は，複数のオブジェクト間の影響を考慮して勢力圏を設定する手法の 1 つである[1]。

　検索とは，地理空間情報の中から与えられた条件に合致する情報を抽出する機能である。これには，属性データに関する条件で行う属性検索，地物の位置情報に関する条件で行う空間検索，および両種類を組み合わせた検索がある。たとえば任意の駅から 2km のバッファーに含まれる地区を地図上で選び出す場合には，この検索機能が用いられる。

　点，線，面を要素とする空間データのレイヤーを複数重ね合わせて，新しい空間データおよび属性データを作成する場合には，オーバーレイと呼ばれる機能が使われる。たとえば行政区域と用途地域をオーバーレイすると，2 種類の境界が融合した地図が作成され，行政区域ごとの用途地域面積などを求めることができる。

3-2 　GIS に関する日本の動き

3-2-1 　地理空間情報活用推進基本計画の推移

　GIS や地理空間情報の重要性が，日本で広く認識されるようになった契機の 1 つが，1995 年 1 月 17 日の阪神淡路大震災である。この時には情報の収集が十分に行えず，情報不足の状態で政府，官庁，地元行政機関，防災関連機関などが災害時

支援を行うことになった。そのため，今後の災害への対応として GIS および地理空間情報の整備に関する社会的要望が高まった（橋本，2009）。

2007 年に地理空間情報活用推進基本法（NSDI 法）（平成 19 年法律第 63 号）が施行され（表 3-1），これを受けて 2008 年には地理空間情報活用推進基本計画（以後，「基本計画」と記す）が閣議決定されてからは，地理空間情報，GIS，衛星測位に関する施策が講じられ，地理空間情報の整備や蓄積が進んだ。

その後，2012 年に策定された基本計画（第 2 期）では，東日本大震災を教訓として災害への対応が強化された。さらに 2017 年に策定された基本計画（第 3 期）では，情報技術の進展を背景に AI（人工知能），IoT（モノのインターネット），ビッグデータなどを施策に取り込み，翌 2018 年度に 4

機体制となる準天頂衛星の本格的運用を視野に入れた計画が示された（橋本編，2019）。

現在は，2022 年に策定された基本計画（第 4 期）の途中であるが，DX（デジタルトランスフォーメーション）への対応などが進められている。また，この計画では，2022 年度から高校で必修となった「地理総合」に関する記載があり，国民の地理空間情報に対するリテラシー向上の推進など人材育成を重視した内容となっている（橋本編，2022）。

3-2-2　GIS に関する日本学術会議の提言

日本において GIS や地理空間情報の活用が推進される中で，日本学術会議から教育への GIS 活用に関する提言が行われてきた。まず，2014 年に日本学術会議地域研究委員会・地球惑星科学委員会合同地理教育分科会が公表した提言『地理教育におけるオープンデータの利活用と地図力／ GIS 技能の育成―地域の課題を分析し地域づくりに参画する人材育成』では，教育におけるオープンデータの整備や利活用推進とともに，GIS 教育の充実が求められた。

「地理総合」の設置決定後に同分科会から公表された 2017 年の提言『持続可能な社会づくりに向けた地理教育の充実』では，学校教育での GIS 技能向上や，GIS を指導する教員養成について提言がなされた。

さらに，高等学校地理歴史科の新学習指導要領・解説が示された後，2020 年に同分科会から公表された提言『「地理総合」で変わる新しい地理教育の充実に向けて―持続可能な社会づくりに貢献する地理的資質能力の育成』では，GIS の教育体制や利用環境の強化の必要性といった課題への対応が求められた。

このように学術の分野からも，地理教育における GIS や地理空間情報の活用促進が求められており，「地理総合」へ高い期待が示されてきた。

表 3-1　日本の GIS に関する動き

年	GIS に関する動き
1995	阪神淡路大震災発生
2007	「地理空間情報活用推進基本法」施行
2008	「地理空間情報活用推進基本計画」を閣議決定
	「宇宙基本法」（平成 20 年法律第 43 号）公布
2010	準天頂衛星「みちびき」初号機打ち上げ
2011	東日本大震災発生
2012	「地理空間情報活用推進基本計画」（第 2 期）閣議決定
2014	日本学術会議「地理教育におけるオープンデータの利活用と地図力 /GIS 技能の育成―地域の課題を分析し地域づくりに参画する人材育成―」提言
2015	文部科学省が高校における地理必修化の方針を公表
2016	「官民データ活用推進基本法」公布
2017	「地理空間情報活用推進基本計画」（第 3 期）閣議決定
	準天頂衛星「みちびき」2 ～ 4 号機打ち上げ
	日本学術会議「持続可能な社会づくりに向けた地理教育の充実」提言
2020	日本学術会議「「地理総合」で変わる新しい地理教育の充実に向けて―持続可能な社会づくりに貢献する地理的資質能力の育成―」提言
2021	準天頂衛星「みちびき」初号機継後継機打ち上げ
2022	「地理空間情報活用推進基本計画」（第 4 期）閣議決定
	高校「地理総合」開始

橋本編（2022）により作成。

3-3 「地理総合」の教科書と GIS

3-3-1 教科書の構成

　ここまで述べたような状況の中で，2022 年度から高校では「地理総合」が始められた。この「地理総合」の GIS に関する特徴について，教科書の記載内容の分析を通して解説する。

　「地理総合」では「A　地図や地理情報システムで捉える現代世界」「B　国際理解と国際協力」「C　持続可能な地域づくりと私たち」という 3 つの大項目が設定されており，地図や GIS に関する教育は最初に行われる。なお，大項目の「A　地図や地理情報システムで捉える現代世界」に含まれる中項目は「地図や地理情報システムと現代世界」のみであり，高等学校学習指導要領（平成 30 年告示）解説の「地理歴史編」によると，その目標は「様々な形で地図や GIS が目的に応じて活用され，今日の社会の様々な場面で役立っていることを理解すること」とされている。

　2022 年 4 月時点で出版されている「地理総合」の教科書は 6 種類あり，総ページ数はいずれも 200 ページほどとなっている。これらの中で「A　地図や地理情報システムで捉える現代世界」の項目には 20 ～ 50 ページが割かれ，教科書全体の

10.0 ～ 24.2 ％が占められている。大項目 A の割合が 10.0 ％と少ない教科書は，大項目 B の割合が 74.0 ％と多く，逆に大項目 A の割合が 24.2 ％と多い教科書は，大項目 B の割合が 57.0 ％と少ない（図 3-4）。このように，地図や GIS に関する教育への比重のかけ方は，教科書により異なっている。

3-3-2 世界地図と図法（投影法）

　ここから，教科書の内容について詳しく見ていく。地図に関しては，すべての「地理総合」の教科書で世界地図と図法に関する説明が掲載されている。3 次元の地球を 2 次元の平面地図にする場合，距離・面積・方位・角度のすべてを正確に表示できないことから，目的に応じた図法を選択することは重要である。そのため，図法は以前の高校地理の教科書にも掲載されており，その点は「地理総合」でも同じである。

　「地理総合」の教科書では，事例として複数の図法が紹介されている。6 つの教科書すべてで紹介されているのは，世界地図の描画を事例としたメルカトル図法，モルワイデ図法，正距方位図法の 3 つである（図 3-5）。メルカトル図法は地球表面のすべての部分の角度が正しく示される図法の例として取り上げられている。また，モルワイデ図法は高緯度地方の形の歪みが少なく面積を正しく表した図法の例として，正距方位図法は図の中心からの方位と距離を正しく求めることができる図法の例として掲載されている。

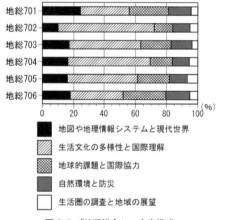

図 3-4 「地理総合」の内容構成

地総 701 ～地総 706 は文部科学省の教科書編修趣意書（高等学校「地理総合」）における教科書の記号・番号。

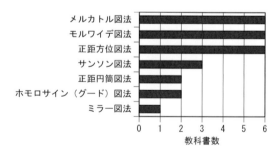

図 3-5 図法が掲載されている「地理総合」の教科書数

高等学校「地理総合」教科書（地総 701 ～地総 706）により作成。

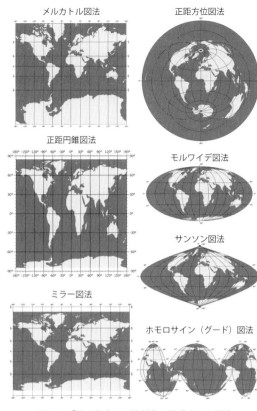

図 3-6　「地理総合」の教科書で説明される図法
ArcGIS Pro で作成。

メルカトル図法

正距方位図法

正距円錐図法

モルワイデ図法

サンソン図法

ミラー図法

ホモロサイン（グード）図法

これら以外にも一部の教科書では，サンソン図法，正距円筒図法，ミラー図法，ホモロサイン（グード）図法が紹介されている（図 3-6）。いずれの教科書でも，特徴のある図法を紹介することで，生徒が平面地図の作成を理解しやすいように工夫が行われている。

これらの図法は，地図表現の基礎的知識として大切である。しかし，教科書において後に続くGIS や，国土地理院が発行する地形図のような大縮尺の紙地図に関する図法（投影法）の説明は，一部の教科書に僅かに含まれるのみである。そのため世界地図に関する図法の重要性を学んでも，「国土地理院の地形図や地理院地図が，どのような図法で描かれているのか」「GIS で地図を作成する場合に，どのような図法を用いるべきか」といった疑問にも対応できるような説明を用意しておくことが必要である。

3-3-3　教科書で用いられる GIS と地図関連の用語

6 種類の教科書において「A　地図や地理情報システムで捉える現代世界」の中の GIS や身の回りの地図（大縮尺や中縮尺の地図）を学ぶ項目で使用されている用語を調べると，地図の理解に必須なものは共通して掲載されている。

すべての教科書で使われている用語には，「一般図」や「主題図」といった地図の種類に関するもの，「縮尺」や「距離」といった地図の要素に関するもの，「地球」や「地形」など地図の対象に関するもの，「計測」や「検索」など作業に関するもの，「国土地理院」という組織に関するものがある。さらに，「地理総合」の特徴として，「GIS」や「GNSS」など ICT 関連の用語が多く含まれている（表 3-2）。

ICT 関係の用語には「Galileo」,「GNSS」,「GPS」,

表 3-2　すべての教科書で使われている用語

分類	語句
種類	25000 分の 1 地形図，一般図，階級区分図，主題図，地形図，地図
要素	位置，距離，縮尺，地図記号，図形，絶対値（数），相対値（数），等高線，範囲，標高，面積
対象	駅，自然，人口，地球，地形，土地，土地利用，利用
作業	重ね合わせ，計測，検索，比較，表示，分析
組織	国土地理院
ICT 関係	Galileo, GIS, GNSS, GPS, 位置情報，ガリレオ，スマートフォン，地理院地図，地理情報システム

「地理総合」の教科書で「A　地図や地理情報システムで捉える現代世界」の中の GIS や身の回りの地図を学ぶ項目で使用されている用語のみ。

「ガリレオ」といった衛星測位に関するものが多い。これは近年，カーナビやスマートフォンによる位置情報の利用が社会的に普及したことを反映しており，いずれの教科書でも，現代世界を理解するために重要な用語が新たに使われている。

なお，用語の使い方，特に英語表記と日本語表記の関係では，教科書によって違いが見られる。「GNSS」は6種類の教科書すべてに記載があり，そのうち5種類の教科書では，「GNSS」の日本語表記として「全球測位衛星システム」という語句が使われている。「GNSS」は「Global Navigation Satellite System」の略語であり，「Navigation」は「航法」を意味することから，「全球航法衛星システム」と訳す方が適当であるように思われる。しかし，大部分の教科書は「Navigation」の部分を「測位」として記している。「測位」の英語表記は「Positioning」であり，「Navigation」と混同すべきではない。それに配慮してか，1種類の教科書では「GNSS」の日本語表記を「グローバルナビゲーションシステム」とし，「GPS」の日本語表記を「全地球測位システム」としている[2]。

「GNSS」や「GPS」は，「地理総合」において重要な用語である。英語表記と日本語表記の対応を含み，教科書で用いられる用語に関しては慎重に検討を続けるべきと思われる。

3-3-4　地理院地図の扱い方

国土地理院の「地理院地図」は，すべての教科書で扱われており，地図およびGISの教育や学習で重要な役割を果たす。この「地理院地図」では，ウェブブラウザ上でシームレスに任意の範囲を表示させることができ，複数の地形図をつなぎ合わせる必要はない。さらに縮小や拡大も自由に行うことができる。そのため「地理総合」の授業において，「地理院地図」は大変便利なツールとなる（第2章参照）。

しかし，「地理院地図」を用いる際には，いくつかの注意が必要である。「地理院地図」とともに，

いずれの教科書でも「縮尺」という用語が掲載されている。しかし，両者をつなぐ説明はないため，「地理院地図」の「縮尺」については補足説明が必要となる。

「地理院地図」は，メルカトル図法の一種である「Webメルカトル」という投影法で描画されており（北村ほか，2014），25,000分の1地形図のようなUTM図法ではない[3]。「地理院地図」では，地図の表示倍率を「ズームレベル」という概念を使って区分しており，本稿の執筆時点では，縮尺を指定して地図を表示させることはできない（図3-7）。

「地理院地図」では，南北の緯度約85.0511度以上を除く地球全体を正方形の画像で表現したものが「ズームレベル0」，その縦横を2分の1に分割した範囲が「ズームレベル1」，さらに縦横を2分の1に分割した範囲が「ズームレベル2」と定義されている。同じズームレベルにおいて，地図はメルカトル図法と同じく高緯度ほど拡大して表示される。

なお，この「ズームレベル」を扱っている教科書は2種類のみである。「地理院地図」は「地理総合」の授業にとって非常に有益なコンテンツであるが「Webメルカトル」という投影法の性格を考慮した上で使用する必要がある。

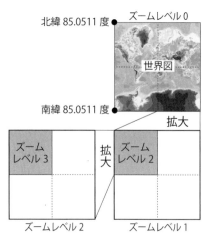

図3-7　「地理院地図」のズームレベル

3-3-5　GIS による「教材の現地化」

「地理総合」では，まず地図や GIS に関して学び，その後の学習でその成果を活かすことが望まれる。特に「C　持続可能な地域づくりと私たち」の中の「自然環境と防災」の授業では，国内外の事例だけでなく，生徒達の身近な地域を対象とし，環境の理解や防災リテラシーの向上に繋げることが期待される。

その際には，学校ごとに関係する災害の種類や防災対策が異なることから，授業では身近な地域に関する教材を準備する「教材の現地化」が重要となる。この「教材の現地化」を行うために GIS は有効なツールとなる。GIS で，ミクロスケールの地図に各種情報を重ね合わせ，そこから読み取ったことを生徒達に議論させることで，高い教育効果が得られるのではないだろうか。

（橋本雄一）

付記　本稿は建議研究「災害の軽減に貢献するための地震火山観測研究計画（第二次）」の課題研究「地理空間情報の総合的活用による災害への社会的脆弱性克服に関する人間科学的研究」（HKD07）および 科研費（22K0104002）における成果の一部である。

注
1) このボロノイ分割は，複数の施設が存在する領域の中で，隣接する任意の 2 施設を結ぶ線分を想定し，その垂直二等分線で構成される多角形で領域全体を分割する手法である。
2) なお，他の 5 種類の教科書では GPS の日本語表記を記していない。
3) そのため「地理院地図」は日本全体を同一縮尺で表示させることができない。なお，ズームレベルについては国土地理院のウェブサイト（https://maps.gsi.go.jp/development/siyou.html#siyou-zm）で説明されている。

文献

北村京子・小島脩平・打上真一・神田洋史・藤村英範 2014. 地理院地図の公開. 国土地理院時報 125: 53-57.

日本学術会議地域研究委員会・地球惑星科学委員会合同地理教育分科 2014.『提言　地理教育におけるオープンデータの利活用と地図力 /GIS 技能の育成－地域の課題を分析し地域づくリに参画する人材育成』

日本学術会議地域研究委員会・地球惑星科学委員会合同地理教育分科 2014.『提言　持続可能な社会づくりに向けた地理教育の充実』

日本学術会議地域研究委員会・地球惑星科学委員会合同地理教育分科 2020.『提言　「地理総合」で変わる新しい地理教育の充実に向けて―持続可能な社会づくりに貢献する地理的資質能力の育成―』

橋本雄一 2009. 地理空間情報活用推進基本法と基本計画. 北海道大学文学研究科紀要 127: 59-86.

橋本雄一編 2019. 『五訂版 GIS と地理空間情報－ArcGIS 10.7 と ArcGIS Pro 2.3 の活用』古今書院.

橋本雄一編 2022. 『六訂版 GIS と地理空間情報－ArcGIS Pro 3.0 の活用』古今書院.

コラム

1　座標系とは？

GIS のソフトウェアを起動させた時，最初に「どの座標系に設定するか？」と問われ，どうしたらよいかわからなくなった方がいるのではないだろうか。座標系は，ある地点の位置を表現したいとき，緯度・経度など何らかの座標値で地球上の位置を表すための決まりである。この座標系は，「測地系」と「投影法」を組み合わせたものである。

測地系とは，地球をどのような楕円体として考え，緯度や経度を決めたのかを示すものである。現在の日本では，2002 年に測量法が改正され，世界測地系（JGD2000）が基準となった。その後，東日本大震災が発生した時の地殻変動で，世界測地系（JGD2011）が使われるようになった。2002 年の測量法改正前には別の基準（日本測地系，旧測地系）が使われており，新旧の測地系では同じ経緯度でも示す位置が異なる（図① -1）。

投影法（図法）とは，3 次元の地球を 2 次元の平面にする方法のことであり，距離・面積・方位・角度の何を正確に描くかにより投影法は異なる。もし，投影法を定義しないと，GIS は経度 1 度と緯度 1 度の間隔を同じ長さで描画するため，地図は高緯度になるほど東西方向に引き伸ばされる（図① -2）。なお，これは地理座標系もしくは測地座標系と呼ばれる。

GIS で中縮尺や大縮尺の地図を作成する場合，頻繁に用いられる座標系は，UTM 座標系や平面直角座標系である。これら座標系により描画される地図は，度（経緯度）ではなく，原点からの実距離（メートル）を X 軸や Y 軸の単位としており，歪みが少ないものとなる。なお，GIS では「UTM 座標系（JGD2011）」や「平面直角座標系第 12 系（JGD2011）」のように測地系を付けて表示される場合が多い(橋本編 2022)。　　　　（橋本雄一）

文献
橋本雄一編　2022.『六訂版 GIS と地理空間情報 ― ArcGIS Pro 3.0 の活用』古今書院.

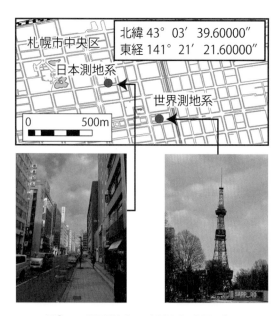

図① -1　世界測地系と日本測地系の位置の違い

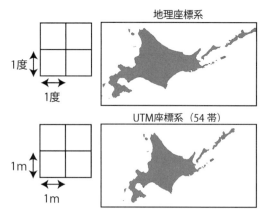

図① -2　地理座標系と UTM 座標系

コラム 2 「地理院地図」による図歴の確認

「地理総合」において「地理院地図」は優れた教材となる。しかし，表示される地図はどの時点の状態を反映したものなのか注意することが必要である。「地理院地図」には，道路や建物などは新しい情報が反映される一方で，植生記号などの土地利用情報などが更新されず古い部分もある。また等高線に関しても定期的に更新されるわけではない。そのため，「地理院地図」で表示される地図は，さまざまな時点の地物を集めたものとなり，同一時点の現実世界が反映されたものではない。

国土地理院の地形図や「地理院地図」の情報が，どの程度古いのかを知るための方法の1つに，地形図の図歴（地形図の測量，改測，修正測量などの履歴）を確認するやり方がある。

「地理院地図」のメニューで「設定」－「グリッド表示」を選び，「図郭」を「ON」にすると，地図上に25,000分の1地形図の図郭が表示される。その中の図名をクリックし，表示されるポップアップ画面の「紙地図の図歴を確認」をクリックすると，選択した地形図に関する測量年を確認できる。さらに，この画面でリスト番号をクリックし，メッセージに同意すると，その発行年に該当する低解像度の地形図が表示される（図②-1）。

この機能を用いて測図や修正の年度を確認することで，地形図や「地理院地図」の地物情報を知ることができる。「地理院地図」は便利で，「地理総合」の授業になくてはならないツールであるが，その内容や限界を理解して授業に役立てることが重要である。　　　　　　　　（橋本雄一）

地理院地図

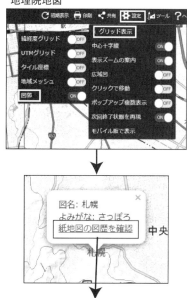

リスト番号	測量年 ▲	更新履歴	発行年月日	カ
46-10-4-1	1916(大5)	測図	1918/11/30(大7)	モ
46-10-4-2	1928(昭3)	鉄補	1930/03/30(昭5)	モ
46-10-4-3	1935(昭10)	修正	1937/03/30(昭12)	モ
46-10-4-4	1935(昭10)	修正	1948/02/28(昭23)	モ
46-10-4-5	1952(昭27)	資修	1953/06/30(昭28)	ア
46-10-4-6	1955(昭30)	二測	1958/06/30(昭33)	ア

2.5万地形図
札幌
さっぽろ

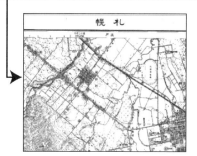

図②-1　「地理院地図」を用いた地形図の図歴の確認
「地理院地図」および国土地理院ウェブサイトにより作成。

第**4**章

「地理総合・地理探究」と探究学習の相互環流

4-1 「地理総合・地理探究」と
　　地理的思考力

　本章では，筆者の本務校である桐蔭学園高等学校での授業実践を基に，「地理総合・地理探究」と探究学習の相互環流について述べる。

　「地理総合・地理探究」では，地理的な見方・考え方（地理的思考力）の育成という観点から，位置や空間的な広がりから地理的事象を捉え，地域と産業構造の関係では，人口や経済などの統計データから分析したり，地形・気候条件についても考察したりすることが求められる。また，民族や言語の違いだけでなく，文化・宗教など価値観の違いにも注目しながら，折り合いをつけて外国人と共生し，より良い社会を形成していくための方法を考える教育を推奨している。

　地理の授業の質を高めるためには，小学校から大学まで，それぞれの段階で求める地理的思考力や地図リテラシーがどのレベルまで到達して欲しいのか，教員側も学習内容の連続を正しく理解した上で教材研究を行う必要がある。たとえば，中学生を教える教員が，教材研究や授業準備の際に中学校の内容だけでなく，高校生が使用する資料集の図やグラフなどを活用しながら，中学生の授業を設計すると地理教育の一貫性を実現するための教育にもつながると考えられる。

　また，中学入試・高校入試の問題を作問する際に，大学入試を見越した問題の作問が，これまで以上に重視されると，中学入試から大学入試まで結びつき，中学校と高等学校で学習内容の連続を意識した授業が実施可能となる。さらに，中学入試・高校入試・大学入試というそれぞれのゴールがつながれば，小学校から大学まで，学校現場で地理教育の一貫した学習内容の連続がスムーズに浸透すると思われる。そのため，高校卒業段階もしくは大学入試段階で到達して欲しい基準が明確になれば，高校入試・中学入試でどのレベルまで到達すればよいのか，高等学校・中学校・小学校の授業で地理的思考力を育む教育の充実に向けて逆算しながら，どのようなポイントを重視して教育を行えばよいのか，教員側が把握しやすくなると考えられる。

　地理の大学入試問題では地理的思考力を活用する問題が増え，この育成には小学校から大学までの学習内容の連続が必要不可欠である。たとえば，2018 年の東京大学の入試問題（地理）では「地方から大都市に引っ越す家族がどこに住むのか」という物件を探す会話文が出題された。また，大学入試センターから公表されている「令和 7 年共通テスト試作問題（地理総合・地理探究）」でも，地形条件を理解した上での災害リスクと生活圏に関する問題が出題されている。これらは，本章で紹介する「地理総合・地理探究」のモデル授業，『物件探しから考察する災害リスク調査』に関連性がある。さらに，東京大学の入試問題では，自然災害といった防災分野だけでなく，大都市の土地利用と生活圏との関係，郊外のニュータウンにおける生活の利便性の変化などの問題も出題されているので，このモデル授業と入試問題を関連させて，

生徒に学習効果を提示すれば，大学入試で必要とされる視点も学ぶことができ，授業で得られる学習効果はさらに高まると考えられる。

特に「地理総合」の防災や SDGs の分野は，小学生でも学びやすい分野であり，総合的な探究の時間とも関連づけながら，生涯教育としての地理教育を実施することが求められる。本校では，アクティブラーニング型授業を通して他者の考えを踏まえて自分の見解を表明することを重視しているため，他者との意見交換を通して深い学びを行いながら，地理的思考力を身につけたグローバル人材の育成を目指している。地理的思考力の活用は大学では，地理学だけでなく，地政学・データサイエンスなどさまざまな学問領域でも必要とされている資質である。

4-2 「地理総合・地理探究」の　　モデル授業『物件探しから　　考察する災害リスク調査』

ここからは，「地理総合・地理探究」の防災分野に関するモデル授業について紹介する[1]。本校では，アクティブラーニング型授業を個・協働・個の学習サイクルで実施している。文部科学省が進める GIGA スクール構想によって，教育現場でICT が普及して，授業の効率化がさらに進むことが想定される。また，コロナ禍における，ICT を利活用したリアル（対面授業）とデジタル（オンライン授業）の融合は，学校現場における教育の多様化・可能性をさらに広げた。これらを背景として，アクティブラーニング型授業と ICT を組み合わせた新しい防災教育（アクティブラーニング型授業× ICT）を提案したいと考えた。このモデル授業の実践は，高校生の ICT 活用能力を把握し，ポストコロナに向けた教育の可能性を考える機会となった。

本校では，地理を専門とする教員が科目専任制で指導しているが，歴史や公民を専門とする社会科教員が「地理総合」を教える学校もあり，GISのスペシャリスト教員だけが教えられる授業ではなく，ICT を活用した授業が苦手な地理科教員や地理を専門としない教員でも，GIS の分野が教えられるようなモデル授業を考案した[2]。

筆者は昔，神戸に住んでいたこともあり，1995 年の阪神・淡路大震災で親を亡くした友人がいること，2018 年に東北地方へ修学旅行で引率し，石巻市の大川小学校を訪問して，2011 年の東日本大震災の被災者から直接，話を伺ったことなど，「地理総合・地理探究」の防災の分野に対する思い入れが強かった。防災教育に関する教材研究を深めれば深めるほど，感情をうまく整理しきれず，深くて重い内容になり，限られた授業時間内で実施することの難しさを痛感した。このような重い内容の防災教育も大切にしつつ，地形条件から自然災害と共生する日本では，ふだんから防災について意識して学ばなければならないため，防災教育の入口のハードルを下げて，生徒にもっとポジティブに楽しく防災について学んで欲しいという願いを込めて，GIS・防災分野でこのモデル授業を考案した。

この授業では，帝国書院の高校資料集『新詳地理資料 COMPLETE 2023』巻頭特集 2（巻頭pp.5-6）「GIS と防災②－あなたならどこに住む？－」に掲載されている一人暮らしの物件探しについて，仮説と検証を繰り返しながら，Web GISである「地理院地図」や「重ねるハザードマップ」を活用し，色別標高図を作成することをミッションにしている（図 4-1）。筆者は，2020 年から高校 2 年の地理 A、高校 2・3 年の地理 B の授業でこのモデル授業を実施し，2023 年から高校 2 年・中等 5 年共通（およそ 1,200 名を対象）の「地理総合」の 1 学期のパフォーマンス課題として実施した。

学習手順は，①表紙（大学名・写真）の作成（志望校を提示したくない場合はどこの大学でも可），②不動産サイトで，物件名・間取り・家賃・大学

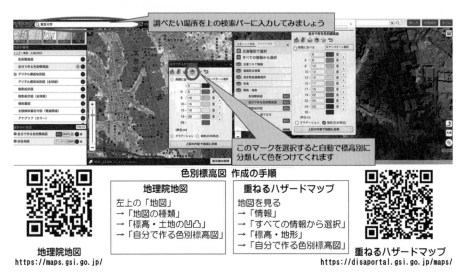

図 4-1　Web GIS による色別標高図

地理院地図，重ねるハザードマップにより作成。

や駅までの距離などを調査，③「地理院地図」「重ねるハザードマップ」での調査，④「自分で作る色別標高図」を操作（ほかにも周辺の避難場所，自然災害伝承碑，地形条件を調査），⑤考察した結果，別の物件に変えた場合は表紙を水色，変えない場合は白色（変えた場合も元の物件は載せておく）に彩色，⑥地理的な見方・考え方に基づいた考察と分析をあわせて 100 字以上で記述という順番で進めた。

　Web GIS を利用して志望大学周辺の災害リスクについて調査・分析することを学習目標とし，スライド作成から発表まで 2 〜 3 時間の授業として設定した。当初，「地理総合」を学習する高校 1・2 年向けの「A　地図や地理情報システムで捉える現代世界」の GIS の単元，あるいは「C　持続可能な地域づくりと私たち」の自然環境と防災の単元での学習として考案したが，受験勉強のモチベーションを高めることを目的に高校 3 年で実施したところ，生徒は非常に興味をもって積極的に取り組んだ。学習を通して期待される効果として，①志望校に対する思いが明確になり，大学生活を具体的に想像することで志望校に対して強い動機づけになること，② ICT 教材である Web GIS を利活用して調査する習慣が身につくこと，

③高校の間に物件を探した経験があれば，大学に合格した後，一人暮らしの物件探しをする時に役立つことが挙げられる（石橋 2022a）。

　本校では，授業支援クラウドである「ロイロノート・スクール」（以後は「ロイロノート」と記す）を活用しながらアクティブラーニング型授業を実施している。これにより生徒は，学んだことをペアワークやグループワークで話し合ったり，発表や振り返りを通して学びを可視化したりすることで知識を定着させ，生徒が問題点を把握することが可能となる。

　ふりかえりとしては，標高の高低差だけを考えるのではなく，地形条件を踏まえて「標高が高くても地盤は大丈夫なのか」という意見や，「地名の由来を理解した上で，別の災害リスクについても調べてみたい」という次の学習につながる意見を述べる生徒もいた。

　この授業での観点別評価と学習目標は表 4-1，色別標高図と分析・考察の評価例は表 4-2 の通りである。さらに，「地図で見る統計（jSTAT MAP）」を活用すれば，簡単にリッチレポートを作成することが可能で，より詳細な統計データで分析することができる（図 4-2，図 4-3，図 4-4，図 4-5）。

表4-1　『物件探しから考察する災害リスク調査』の観点別評価と学習目標

レベル	評価の観点	学習目標
基礎	知識・技能	WebGIS（地理院地図・重ねるハザードマップ）でハザードマップが表示できる。
	思考・判断・表現	地図上で自分が住もうとする場所の位置を理解し、調査地域で起こりうる災害の種類がわかる。
		ハザードマップを見て、調査地域の危険性について指摘できる。
標準	知識・技能	WebGISで色別標高図を操作したり、避難場所や自然災害伝承碑が調べられる。
	主体的に学習に取り組む態度	他の生徒のスライドと比較して足りない箇所を把握し、改善しようとしている。
発展	知識・技能	色別標高図の数値や色を自分で調整して、より見やすい地図が作成できる。
	思考・判断・表現	物件の立地条件と家賃・地価の関係性について考察し、説明できる。
	主体的に学習に取り組む態度	WebGISの別の使い方を考えてみたり、他の場所でもWebGISを利活用しながら調査・分析しようとしている。

表4-2　色別標高図と分析・考察の評価例

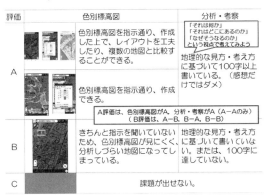

評価	色別標高図	分析・考察
A	色別標高図を指示通り、作成した上で、レイアウトを工夫したり、複数の地図と比較することができる。	「それは何か」「それはどこにあるのか」「なぜそうなるのか」という視点で考えてみよう 地理的な見方・考え方に基づいて100字以上書いている。（感想だけではダメ）
	色別標高図を指示通り、作成できる。	
	A評価は、色別標高図がA、分析・考察がA（A−Aのみ）（B評価は、A−B、B−A、B−B）	
B	きちんと指示を聞いていないため、色別標高図が見にくく、分析しづらい地図になってしまっている。	地理的な見方・考え方に基づいて書いていない。または、100字に達していない。
C		課題が出せない。

図4-2　東京大学周辺の徒歩10分、30分、60分で移動できる範囲
「jSTAT MAP」のリッチレポートで作成。

4-3　総合的な探究の時間に考案した防災教育

　探究学習（総合的な探究の時間）では、筆者は2018年度からGISゼミ[3]を開講してGISの分野におけるモデル授業の研究を行ってきた。このGISゼミは、防災・教育・環境・交通・まちづくり・福祉など、生徒が興味のある分野を選びながら、SDGsとの関連性を考えた上で、GISで分析して地域研究を行い、文理を問わず、幅広い研究領域を学習するゼミである。

　2020年には、生徒と一緒に「地理総合」に向けた防災教育として（石橋2021・石橋2022b）、①NHKの映像コンテンツを利活用した防災教育、②防災小説やクロスロードなどのRPG防災教育、③ICTを活用した防災教育を実施した。

　①で活用するNHKのWebサイト「東日本大震災アーカイブス　証言webドキュメント」（https://www.nhk.or.jp/archives/saigai/）は、学びの空間を教室に限定することなく、いつでもどこでも動画を視聴することが可能なため、状況判断をする際に効果的で生徒の飽きを軽減させ、より多くのケースを短時間で理解することにもつながる。知識構成型ジグソー法を活用しながら（三宅ほか2016）、グループワークを行うと、複数の動画内容を効率良く学習でき、学びをつなげることができる。

　②では、生徒が自ら防災小説を執筆したり、災害対応カードゲーム教材「クロスロード」を活用したりすることで（吉川・矢守・杉浦2009）、生徒自身が「こういう場合には、どのような行動をとればよいのか」というケーススタディを考える機会が与えられる。さらに、リアルさを高めるために、ディズニーランドやUSJなど生徒が好

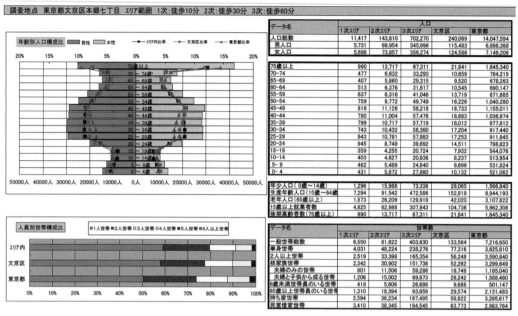

図 4-3　東京都文京区の基本分析

「jSTAT MAP」のリッチレポートで作成。

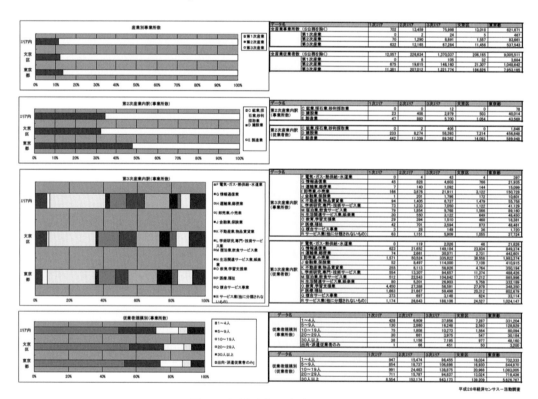

図 4-4　東京都文京区の経済センサス

「jSTAT MAP」のリッチレポートで作成。

人口増減

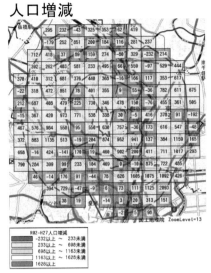

世帯数増減

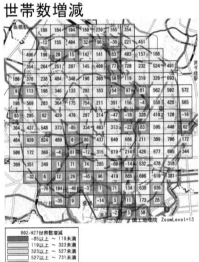

図 4-5　東京都文京区の人口増減と世帯数増減
「jSTAT MAP」のリッチレポートで作成。

きなレジャー施設など特定の場所の写真を提示し，「ここで被災した時はどこへ避難すればよいのか」など実践に近い体験型の防災教育とすることで，シチュエーションに応じた状況判断能力を鍛えることができる。

　また「地理総合」では，③のように ICT を活用して視覚的に捉えて分析することが求められるため，GIS 教育と関連させて国土地理院の「地理院地図」，「重ねるハザードマップ」，「地理教育の道具箱」の「イラストで学ぶ過去の災害と地形」や，

東京大学大学院情報学環渡邉英徳研究室と株式会社Eukarya が共同開発した汎用的 Web GIS プラットフォーム「Re:Earth」（https://reearth.io/ja/）などの ICT を活用した防災教育が実施可能である。

　このように授業の中で，ICT を活用する学習が可能となれば，学校現場で現状よりも高度な防災教育を教科（地理）で学習できる。また，本校では，2017 年より，ESRI ジャパン株式会社の「小中高教育における GIS 利用支援プログラム」を受け，生徒や社会科教員向けの GIS 講習会を開催してきた。防災分野では，「政府統計の総合窓口（e-Stat）」を活用しながら，本校周辺の災害関連施設の分布と人口構成の相関関係を分析して，Esri 社の「ArcGIS」で地図化し，Web GIS の「地理院地図」や「重ねるハザードマップ」とあわせて考察を行った。さらに，その成果の一部を，東京大学空間情報科学研究センター（CSIS）主催の研究発表大会「CSIS DAYS 2020」において発表した（図 4-6）。

4-4　受け身型の防災教育の課題

　防災教育として，学校現場で実施している避難訓練は，定期的に実施されているものの，あらかじめ日時が指定され，雨天延期など天気の良い日にしか実施しないことでリアルさに欠ける。また，外部の専門家から一方的に教えてもらうだけの講義形式では，生徒にとっては受け身型の防災教育になってしまっていた。本校のように生徒数の多い学校では，学園全体の防災教育の内容を変えることよりも，教科（地理）の中で検討した方が即座に効果的な防災教育が提案できるので，地理総合におけるモデル授業を実践したいと考えた。

　GIS ゼミでは，現状を把握するため，Esri 社の「ArcGIS Survey123」を活用して，本校の高校 1 年・2 年の 385 名を対象に，学校現場における防災教育の意識調査を 2020 年 9 月に実施した（図 4-7）。結果として，①従来の講義形式の防災

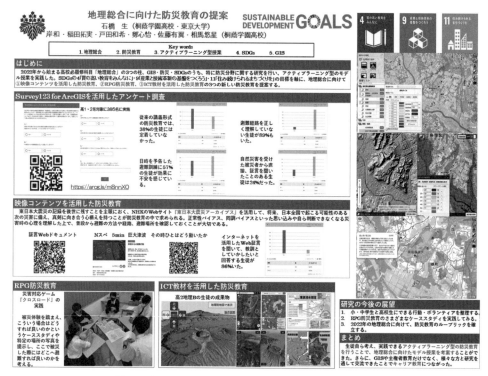

図 4-6　CSIS DAYS 2020 で提出した GIS ゼミの研究ポスター

2020 年 11 月 20 ～ 21 日にオンライン形式で開催された東京大学空間情報科学研究センター主催「CSIS DAYS 2020 全国共同利用研究発表大会」にて発表。

教育では，38％の生徒は定着していないと感じていること，②避難訓練の実施前ではあったが，避難経路を正しく理解していない生徒が 89％もいたこと，③日時を予告した避難訓練の効果に不安を感じている生徒が 57％もいたこと，④自然災害を受けた被災者から直接，証言を聞いたことのある生徒は 24％しかいなかったこと，⑤インターネットを活用した Web 証言を聞いて教訓として活かしたいと回答する生徒が 86％もいたことがわかった。これらのアンケート結果を踏まえ，新しい防災教育を提案する必要性を感じた。

4-5　高校生を地域の頼れる防災リーダーに育てる『みんなの BOSAI プラン 3.0』

「地理総合」における防災分野の学習では，あ

くまでも教師が生徒に教えるものであるが，高校生を地域の頼れる防災リーダーとして育成するために，生徒自らが考えて実践できる場を提供することが，主体的に学習に取り組む態度を深めることにつながる。そのために，「みんなの BOSAI プラン」という 3 段階のモデル授業を考えた。

「みんなの BOSAI プラン 1.0」は学校における従来の防災教育，「みんなの BOSAI プラン 2.0」は「地理総合」で教師が ICT を活用して行う防災教育，「みんなの BOSAI プラン 3.0」は教師ではなく高校生が行う防災教育である。

高校生を地域の頼れる防災リーダーに育て，高校生が指導者となり，高校生・中学生・小学生に向けて，次世代へつなぐ持続可能な防災教育を実施することが求められる。そのために，高校 2 年の GIS ゼミ生が「地理総合」に向けた防災教育のモデル授業として「みんなの BOSAI プラン 3.0」

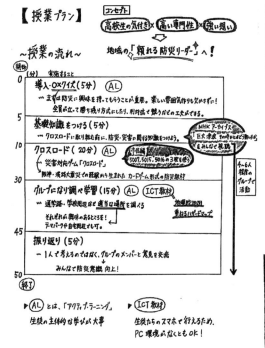

を実施した（図 4-8）。

　このモデル授業では，従来の一方的な講義形式を見直し，アクティブラーニング型授業で教師側だけでなく，生徒側からも発信し，双方が学びを可視化する場を意図的に作り，生徒同士だけでなく，生徒・教師が相互に教え合う半学半教の精神を教室内で根づかせた上で，インタラクティブな学びの場を創出させることを狙った。

　今後の展望としては，①小学生に向けて高校生が実施する防災教育を自治体と連携して実践すること，② RPG 防災教育のさまざまなケーススタディを実践してみること，③防災教育のルーブリックを確立することの 3 点が挙げられる。

　現在，地域防災の若者離れや地域のつながりの希薄さが問題点となっているので，災害から地域づくりを強固なものにしていくために，本校で実施してきたアクティブラーニング型授業× ICT が，今後は全国の学校にも浸透していくことを期待している。これまで培ってきたモデル授業を他の地域でも実践できるように研究を続け，教授

図 4-7　「ArcGIS Survey123」を活用したアンケート調査
高校 1 年・2 年の 385 名を対象に 2020 年 9 月実施。

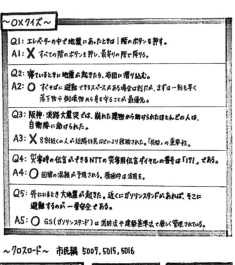

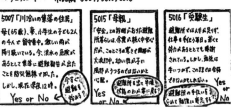

図 4-8　生徒が考案した防災教育のモデル授業「みんなの BOSAI プラン 3.0」の資料

表 4-3   GIS を活用した探究学習における観点別評価と学習目標

レベル	評価の観点	学習目標
基礎	知識・技能	WebGIS（地理院地図, 重ねるハザードマップ, Google Earth, RESAS, ひなたGISなど）を操作して分析することができる。
	思考・判断・表現	紙とデジタルの資料や地図について, それぞれのメリットとデメリットが説明できる。
標準	知識・技能	e-Statで統計データを分析したり, GISソフト（ArcGIS, QGIS, MANDARA, カシミール3Dなど）を操作してレイアウトを工夫しながら, GISマップが作れる。
	思考・判断・表現	GISで調査・分析した上で, 他の生徒と意見を交換して学びを可視化することができる。次世代へ資料や証言を伝承するためにデジタルアーカイブの必要性やICT教材を利活用する意義について説明できる。
発展	知識・技能	専門的なGISの使い方を学んだ上で, 操作できる。
	思考・判断・表現	デジタルアーカイブから読み取れる情報について, 分析することができる。
	主体的に学習に取り組む態度	教科学習と探究学習の相互環流を循環させ, 研究成果を学内外で発表しようとしている。

法と授業の精度をさらに高めていきたい。なお, GIS を活用した探究学習における観点別評価と学習目標は表 4-3 の通りである。

4-6   次世代につなぐための防災教育

「地理総合・地理探究」における防災分野で提案したいことは, 全国の高校で学習する基礎編では 2011 年の東日本大震災を教材として, 応用編では地域の特性にあわせた防災教育を実施することである。たとえば, 神戸市では 1995 年の阪神・淡路大震災, 広島市では 2014 年の豪雨土砂災害を応用編の教材として扱うと, 基礎編で学んだ知識が応用編でも活かせ, 地域防災の意識を高めることにつながる。

東日本大震災における津波被害の際に, これまで津波被害を受けたことがないから, こんな場所では被害は起きないだろうと考える正常性バイアスと, 周りの人がここで待機しているから自分もここで待機しておけば安全だとする同調バイアスなど, 被災時の自分だけは助かるだろうと考える心理が被害を拡大させたといわれている。

被災者の証言を教訓とし, 被災時にどのような行動をとればよいのか, 日ごろから自分の頭で考える習慣を身につけなければならない。したがって, どんなに精度の高いハザードマップができたとしても, それを使う側の人間が平常な心理で正しく活用できるのか, さらには盲目的にハザードマップを信じるだけでなく, 自分で考えて行動することが求められる。また, 日ごろから, 連絡の取り方や避難する場所などを家族や友人と話し合い, 非常用の持ち出し袋の中身を確認した上で避難経路などをあらかじめシミュレーションしておく必要がある。

技術の進歩に頼るだけでなく, 防災に対する意識そのものを変えることが必要で, 自然災害の多い日本ではインフラ整備などのハード面の防災対策だけでなく, 自らがすぐに実践できるソフト面での減災対策も行うことが大切である。自助・共助・公助などは一人ひとりの行動に委ねられ, 自然災害とも共生し, 次世代につなぐために, SDGs の理念である「誰一人取り残さない」持続可能な社会を実現することが求められる（石橋 2023）。

4-7   教科学習と探究学習の相互環流

高 2 地理 A の授業で生徒から,「2022 年 10 月に行った沖縄の修学旅行の素晴らしい思い出を後輩に伝え, 学びを深めたい。」という相談を受け, 生徒主体の自主的な研究プロジェクトとして「沖縄プロジェクト」を 2022 年 11 月にスタートさせた。このプロジェクトでは, 生徒が大学教授などの専門家から研究アドバイスを受けたり, 国土

交通省を訪問して，現役官僚とも対談したりすることができた。また，「地理総合」で学習する「地域経済分析システム（RESAS）」や「地図で見る統計（jSTAT MAP）」を活用して統計データを分析して，世界遺産検定主催の「世界遺産×SDGsチャレンジ 2022」のプレゼンテーション部門で「最優秀賞（全国 1 位）」を受賞し（https://www.sekaken.jp/sdgs_challenge_2022/result/），学外への成果の発信も評価された。さらに，2023 年4 月から高 2「地理総合」の授業を受けている有志メンバーで「桐蔭地理メタバースプロジェクト」をスタートさせ，東京大学空間情報科学研究センターの飯塚浩太郎助教・山内啓之特任研究員と共同研究を進めている。総合的な探究の時間が授業として全国の学校でスタートする中，探究の授業や部活ではなく，地理の教科学習から生徒たちが学びに興味を持ち，このプロジェクトを立ち上げたことは，「地理総合・地理探究」の新しい学びの可能性を感じさせてくれた。

　ウィギンズ・マクタイ（2012）が提唱する「逆向き設計」論では，「生徒は何ができるようになるのか」，「生徒にどういう経験をさせたいのか」など，学習者である生徒の視点を意識してカリキュラムに反映させ，教師は希望的観測ではなく，意図的設計を行うことが求められる（奥村・西岡2020）。「逆向き設計」論に基づいて授業を設計し，生徒の学びを深めるために，教科学習（「地理総合・地理探究」）と探究学習（総合的な探究の時間）の相互環流となる授業を考案することが大切である（図 4-9，図 4-10）。探究を深め，学外のコンテストで受賞し，他者から承認されることで自信をつけ，生徒が総合型選抜で合格している姿を見て，誇らしく思うと同時に，生徒の高いポテンシャルを感じることができた。教科学習と探究学習に興味を持って楽しく取り組みながら，相互に循環させ，深い学びにつながるよう，教員仲間と知恵を出し合いながら，ブラッシュアップすることが望まれる。　　　　　　　　（石橋　生）

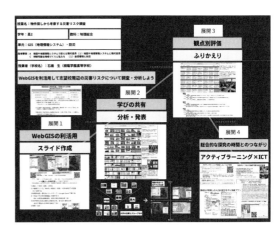

図 4-9　ロイロ認定ティーチャーとして掲載されているプロット図授業案

「ロイロノートサポートページ掲載授業案」サイト（https://help.loilonote.app/--63031e1e19bd610023cdff44）に掲載。

図 4-10　未来の先生フォーラム 2023 で提出した研究ポスター

2023 年 8 月 19 〜 20 日に桜美林大学新宿キャンパスで開催された「未来の先生フォーラム 2023」にてポスター発表。

注

1) 今回，紹介するモデル授業は，2021 年 10 月 30 日に，地理情報システム学会主催の「2021 年度初等中等教育における GIS を活用した授業に係る優良事例表彰」で『ESRI ジャパン賞（GIS の教育的な利用の観点）』を受賞し，2022 年 12 月 17 日に行われた桐蔭学園中等教育学校・高等学校公開研究会 2022 で社会科の実践報告として発表した。公開研究会で基調講演をされた京都大学の奥村好美准教授からこのモデル授業について，「自分事として捉える課題となっており，大学進学だけでなく，その後の人生においてどこに住むかを生徒自身に考えさせる課題となっていた。」という評価をいただいた。

2) 筆者は「地理総合・地理探究」に向けた ICT 教材を利活用したモデル授業の研究を 2017 年から個人的にスタートさせ，教科学習（「地理総合・地理探究」）と探究学習（総合的な探究の時間）で実践を繰り返しながら，モデル授業を考案した。

3) 実績としては，「2020 年度 全国高等学校郷土研究発表大会（地理・産業部門）」で「最優秀賞（全国 1 位）」を受賞した。また，東京大学空間情報科学研究センター主催「CSIS DAYS 2020 全国共同利用研究発表大会」では，高等学校における，GIS，空間データを活用した地理総合科目の優れた実践型教育の先行事例として，図 4-6 のポスターが「審査員特別賞」を受賞し，東京大学空間情報科学研究センター CSIS DAYS 2020 開催報告（https://www.csis.u-tokyo.ac.jp/blog/research/csis-days-2020-report/）で紹介されている。

文献

石橋　生　2021. 地理総合に向けた防災教育の提案. 地理 798: 30-39.

石橋　生　2022a. 物件探しから考察する災害リスク調査. 社会科教育 762: 78-81.

石橋　生　2022b. 地理総合に向けた防災教育の提案. 日本私学教育研究所紀要 58: 29-32.

石橋　生　2023. 電子地図. 日本地理学会編『地理学事典』68-69. 丸善出版.

ウィギンズ，G.・マクタイ，J. 著，西岡加名恵訳　2012.『理解をもたらすカリキュラム設計―「逆向き設計」の理論と方法』日本標準. Wiggins, G. and McTighe, J. 2011. The Understanding by Design Guide to Creating High-Quality Units. Assn for Supervision & Curriculum.

奥村好美・西岡加名恵 2020.『「逆向き設計」実践ガイドブック』日本標準.

帝国書院 2023.『新詳地理資料 COMPLETE 2023』帝国書院.

三宅なほみ・東京大学 CoREF・河合塾 2016『協調学習とは：対話を通して理解を深めるアクティブラーニング型授業』北大路書房.

吉川肇子・矢守克也・杉浦淳吉 2009.『クロスロード・ネクスト　続：ゲームで学ぶリスク・コミュニケーション』ナカニシヤ出版.

コラム 3 防災小説『コロナ禍における災害』

慶應義塾大学湘南藤沢キャンパスの大木聖子研究室が開発した「防災小説」（http://www.bosai.sfc.keio.ac.jp/about-bosaishosetsu）を筆者本務校の高 2 地理の授業で 2020 年に実践した。「コロナ禍における災害」というテーマで執筆してもらった中の最優秀作品を一部改訂して紹介する。

防災小説『コロナ禍における災害』
作・藤井風花

今日は珍しく寝坊をしてしまった。母親にせかされるまま急いで朝食を取り，歯磨きをさっさと済ませ，学校に向かった。電車の中は人でごった返していた。揺れる電車の中で窓越しに雨雲が近づいているのが見えた。天気予報ではそんなこと言ってなかったと思いながらも別段，気にしたりはしなかった。いつもより少し遅く学校に着くと桐奈に会った。桐奈とは中学校からの親友だ。とりとめもない会話をしながら教室に向かった。時折，咳をしているのが気になったが桐奈は喘息持ちだ。こんなご時世だから心配だったが桐奈の誠実さを信頼していたので何もいわなかった。いつも通り学校生活は過ぎた。

授業が終わり，私と桐奈は一緒に帰ることにし，電車に乗った。桐奈は辛そうにしていたが，周りを気にして，咳をすることをなるべく我慢しているように見えた。そこで，ゴゴゴゴゴッと地鳴りのようなものが聞こえ，電車が止まった。私は状況がつかめなかった。すると，緊急地震速報が色々なところで鳴り出した。周りが地震だと騒ぎ出し，私たちに強い揺れが襲ってきた。地震がきたのか。頭を守り，揺れがおさまるのを待った。電車という閉鎖された空間。私だけではない。電車に乗っている乗客全員が恐怖を感じた。ここで，急に桐奈が咳をし始めた。多分，突然の地震への不安の気持ちからだろう。持

病の喘息が発病してしまったのだ。周りの視線がこちらに一斉に集まる。そして，聞こえる声。「あの人，コロナなんじゃない？」「うつったらどうしよう…。」「近づかないようにしよう。」普段なら気にしないような，ひそひそ声も今は耳に嫌でも入ってくる。コロナ差別はこんなにひどいものなのだと，今ならわかる。他人事のように考えていたコロナや差別のことも，いざ自分の身近な人がコロナの可能性があるとなると，話が違う。改めてコロナも差別も悲惨で残酷なものなのだと感じる。ラジオやニュースを聞く限り，今回の地震は私が思っている以上に大きいらしく，ここは海から遠いため津波の心配こそないものの，両親は怪我をしていないだろうか，家は壊れていないだろうかなど不安はつのる一方だった。電車は暖房も切れ，換気のために空いている窓から風が入り，寒い。食料も安定せず，乗客はみな，早く避難所に行きたかった。しかし，嫌なことに電車は脱線していた。もし，ここで無理に逃げようとして車体のバランスが崩れたら…。その時点でまだ車両内にいる人が無事では済まないだろう。だから，みな，作業員を待つしかなかった。

私たちが電車に閉じ込められて，二時間が過ぎた。しかし，実のところ，ラジオの音声と隣にいる桐奈の痰のからむような咳のみが響く車両はとても重苦しく，体感では四時間くらいたったかのように思えた。目に涙を浮かべ，少しでも咳がでないようにのどの奥を鳴らす桐奈の姿は小さく見え，かわいそうだった。「大丈夫だよ。」と声をかけ，少しでも安心させてやりたいが，余震により電車もいつ横転してもおかしくない不安定な中，そんなことをいえる能天気さなど私も持ち合わせてはおらず，ただ，無言で桐奈の背中をさすることしかできなかった。その時であった。また，あちらこちらのスマホが震え，緊急地震速報が鳴り響いた。人々の不安をあおるよ

うに作られたその音の効果は，この場にいる乗客たちには十分すぎた。静かに絶望し，誰もが大きな揺れに備え，覚悟を決めた。しかし，いつまでたっても，大きな揺れは起こらなかった。緊急地震速報は地震の揺れの検知から震源地の決定，震度の予測，緊急地震速報の発表まで，すべてシステムが自動的に処理をする。よって，少しのノイズでも誤報につながる。後日，わかったことだが，今回は最初の大地震で観測点の電源部が故障してしまい，地震計の出力データに急激な変化が生じてしまったそうだ。何にしろ，地震はこなかった。アラームから数分，車両内にいる私たちもだんだんと誤報だということに気づいた。ふっと肩から力が抜けるのを感じた。しかし，この出来事により，私を含めた乗客たちの不安は限界に達した。作業員なんか待っていられないとみながここから逃げることを望んだ。しかし結局，誰かがいい出すのを待つばかりで行動に移そうとする人はそうそういなかった。

　誤報から10分がたち，ようやく一人の女性が立ち上がる。私を含め乗客はみな，静かに彼女を見つめた。彼女は荷物の倒れこんだ座席に近づき，靴下を脱ぎ始めた。そして，自身の左手の薬指に飾られた宝石に手をかけ，靴下とあわせて向かいの窓に思いっきり何度も投げつけたのだった。「ブラックジャック」と呼ばれるこの技法で，身なりの細いこの女性でも地震で傷ついた電車の窓を割るのは簡単だった。窓が割れた。この事実に私たちはとても喜び立ち上がった。次々に乗客が窓に近づき女性にあなたはわたしたちのヒーローだと感謝をして線路に降り立った。そこに遅れて作業員も合流し，これでようやく避難所に行ける。そう思い，私も桐奈の手を握り，窓の方へ行こうとした。しかし，桐奈はそうしようとしなかった。「どうしたの？」と聞いても桐奈は口を開かない。どうやら彼女は周りの視線を気にしているようだった。そこで私はようやく気づく。周りが私と桐奈をちらちらにらんでいたのだ。まるで「避難所に来るな。」とでもいうかのように。きっと桐奈の喘息を知らない人にとって彼女はコロナ感染への恐怖をあおる悪役なのだろう。私と桐奈を端に追いやるように歩く人々を見ながら私は絶句した。「先に避難所に行って。私は症状が良くなるまで，ここに残

るからさ。」そう桐奈から告げられる。この不安定な電車に残り続けたら危ないなんてこと彼女だってわかっているはずなのに，そういうんだから桐奈は本当に優しいんだなぁと改めて思う。だからこそ，私は彼女の要求を拒否する。「確かに嫌な目で見られるのは辛い。周りの人をさらに不安にさせたくないっていう桐奈の気持ちもわかる。でも，咳がでてしまうことも，このご時世疑ってしまうことも，仕方がないことなんだ。誰かが悪いわけじゃない。仕方ないことをいつまでも嘆いていたって，ここじゃあ死んじゃうよ。私は桐奈のそば，絶対に離れないから。お願いだから，一緒に来て。」そう必死で桐奈に伝えるとマスクの下で彼女は微笑み，一緒に降りることを決意してくれた。そして，私たちは他の人全員が降りるのを見届け，最後に電車を後にした。みんなが電車を降りて，近くの避難所に移動している時，突然，ごう音が響いた。その場の全員が余震かと一瞬その身を身構える。だが，その地ならしは予想よりはるかに近くで起こっていた。さっきまで私たちの乗っていた，いつも登下校に使う見慣れた電車。傾いて今にも倒れそうだったその電車が実際に横向きになっていた。幸い，作業員も含め，巻き込まれた様子はなかったが，周りの人の中には恐怖から泣き出してしまう人もいた。もし，あのまま電車で作業員の到着を待っていたら，乗客全員，ただでは済まなかっただろう。そう思うとゾッとする。地震の誤報はもしかすると私たちに逃げろというサインだったのかもしれない。私は桐奈と一緒に互いの幸運を喜ぶしかなかった。これからどうなるんだろうと一抹の不安を抱えながら。

　後日談，あの後，避難所で聞いたラジオでは震度は6強で，震源は紀伊半島の沿岸部だと伝えていた。いわゆる南海トラフ地震である。津波と地震による被害者は日本でもトップクラスに多かった。結局，検査の結果，桐奈はコロナの罹患者ではなかった。やはり極度の緊張からくる喘息の発作だったと後で聞いた。「いきなりコロナかもしれないなんていうものだから，ビックリしちゃったわ。」「ごめんね。心配させちゃって。」環境は震災によって変わってしまったが，私たちはずっと友達でいたいと思った。

（石橋　生）

第**5**章

身近な事例に置き換えて考える手段としての GIS

5-1　GIS を活用することの必要性

　筆者の本務校である品川女子学院では，中学 1 年「社会（3 単位）」・高校 1 年「地理総合（2 単位）」・高校 3 年「地理探究（選択制・3 単位）」の 3 回にわたって，地理に関わる授業が開講される。それぞれの学習課程で，回数は限られているものの GIS に触れる機会が設定されており，発達段階と学習内容に応じて GIS の役割と活用例を学び，活用機会を増やしている。

　2018 年の学習指導要領改訂により，GIS は高校「地理総合」において活用することが求められるようになったが，ICT 環境によって先駆的かつ充実した実践が進んでいる学校と，なかなか思うように活用が進まない学校とに大きく分かれている。そのような中，GIS 活用の底上げを図るために，GIS を活用する目的をどのように設定し，どのように活用していくかを明確にして，必要最低限の基準を設けることが求められている。そこで本章では，どうして GIS の活用が必要なのかという点を，発達段階と学習課程ごとに実践事例を交えて紹介する。

　学年ごとに実践事例を紹介する前に，本校での教育課程全般を通じた共通認識に触れる。まず本校では，一緒に操作することを通して，操作方法を紹介することはあるものの，GIS の操作方法を覚えるための学習や説明は基本的に行っておらず，GIS 活用の目的を「好きに地図を作ってみる」という動作，「そこから何がわかるか」という分

析のみに絞っている。受験科目でもある地理に対しては，生徒や他教科科目の教員から「受験に関係のない学習」を排除すべきではないかというバイアスがかかりやすい。そこで，あえて「データ分析能力を獲得するための GIS 活用」に的を絞ることで，「受験にも応用できる能力を獲得できる」という認識につなげやすくなり，内外からの協力を得ることができている。

5-2　前提として中学校段階での GIS 活用

　本校の場合，中学 1 年次で 3 回 GIS に触れる機会を設けている。生徒にとって GIS とのファーストコンタクトとなるのは，入学直後に「今昔マップ on the web」を用いて，本校が位置する品川を調べる機会である。平均通学時間が約 60 分と遠方からの通学生も多い本校には，入試説明会や受験まで品川に降り立ったことはなかったという，あまり品川という地域への縁がない生徒が一定数入学する。そのため本校では，「身近な地域・生活圏」について社会科と総合学習が連動する形で学習する機会を設け，社会科での世界地誌，総合学習での国際的課題に関する学習へと少しずつ視野を広げることにしている。

　従来の社会科の授業では入学直後から国土地理院の地形図を配布し，学校周辺にどのような施設があるのかを探すという学習活動を行っていた。それが 2017 年度より中学生に対して入学の際にApple 社の iPad 購入を義務づけるようになった

ことで，Web GIS を用いた学習活動へと変更することになった。当初は「地理院地図」を閲覧するものであったが，品川という地域を調べる上で歴史的な観点と紐付けることで学習内容が充実するため，最近では「今昔マップ on the web」を活用するようになった。GIS で各種地図を閲覧することで生徒たちが感じる「品川駅よりも南側に北品川駅がある理由」「どうして品川『プリンス』ホテルなのか」という疑問に対して，このツールを用いて解消する機会を設けている。

　水害の災害リスクが増える梅雨から夏にかけては，国土地理院の「重ねるハザードマップ」を用いて学校周辺の災害リスクを考える。これは，かつて在校生が新入生に向けて始めた防災関連の企画を，授業として実施するようになったものである。

　最後には，経済産業省・内閣官房が公開している「地域経済分析システム（RESAS）」に触れる。「RESAS」は，容易な操作で統計を地図化できるという利点がある反面，塗り分けの基準が自動的に設定されるなど，活用には一定の注意を要するツールである。そこで，あえて生徒たちに「RESAS」を利用させることで，統計情報を読み取らせつつ，地図デザインの注意点や掟を理解させることにつなげている。

　なお，それぞれの授業で，もっと発展的に学習したいという生徒に向けては，江戸切絵図を用いて学校周辺の歴史に触れつつレイヤー分類について学ぶ課外講座，通学路における災害リスクを考え，災害発生時にとるべき行動の最適解についてディスカッションを行う講座，地図デザインのアイデアを考える講座を開講し，希望生徒に対して実施している。

　なお，中学 1 年の GIS 活用においては，2 つのポイントがある。1 つは，GIS に触れる機会を設けてはいるものの，GIS の仕組みについては全く触れることなく，まずは慣れることに注力している点である。もう 1 つは，海外のデータや日本

のどこかのデータに触れるのではなく，あくまでも「身近な地域・生活圏」をデジタルデータで見つめることで，目視できる景色とデジタルデータの置き換えができるようになることを目標としている点である。

5-3　「地理総合」における GIS の導入

　本校は高校からの入学者がいない完全な中高一貫校であり，かつ中学 2 年は歴史的分野，中学 3 年は公民的分野を学習するという，俗にいう「座布団型」を採用している。中学 1 年で地理的分野を学習した後，高校 1 年次に地理総合を履修するまで，2 年の間は空白期間となる。

　「地理総合」では，学習指導要領上 GIS に触れる機会は「A　地図や地理情報システムと現代世界」にあたる単元，つまり年度当初である。「地理総合」の教科書では，各出版社ともに，まずは世界地図を用いて図法や世界の位置関係を学習し，世界や日本のどこかで起きている事象について簡単に紹介した上で，GIS を用いて示すという学習の流れが提示されている。ここでは，基本的に GIS の仕組みはイラストで紹介され，「GIS に触れること」に重きが置かれる。特に，GIS で地図や断面図といった地形に関する情報を表示することや，位置情報をプロットするといった作業が促されている。

　筆者の場合，この時には GIS の仕組みについて知ってもらう作業の機会を設ける。始めに，「Google マップ」を用いて店舗の検索をした際のレイヤー構造や，XY 座標を用いた位置情報などを簡単に紹介した上で，OHP シートを用いたワークを行い，以下のように GIS の仕組みを経験的に習得させる（写真 5-1）。これは，かつては広く行われていたオーソドックスな手法だが，タブレット端末のような ICT 機器が学校に浸透しつつある今，行われる機会は大きく減っているように

感じられる。代用できるデジタルツールがあるか
もしれないが，現状では生徒自身が作業を行うこ
の手法こそ，高校生にとって最も理解しやすい学
習方法であるといえる。

写真 5-1　OHP シートを用いたワーク

高校 1 年「地理総合」の 1 コマ。GIS の仕組みを知るため，地
理院地図をプリントアウトしたもの上に，既存の保育所・病院・
軽犯罪発生箇所それぞれの立地を示した OHP シートを用意し，
新しい保育園を設置するならば，どこに設置すべきか，またど
のデータを活用すべきかを考えている。

【OHP シートを用いたワーク】

＜用意するもの＞

・任意の都市約 5Km^2 分の地形図（授業では，岐
　阜市街地の地形図で実践）

＊この際，あえて生徒にとって身近ではない地域
　を選択することがポイント

・地形図の範囲内に当てはまる，とある情報を記
　した OHP シート 3 枚

（既存の保育園・既存の病院・スリやひったくり
といった軽犯罪の発生箇所）

＜手順＞

1）3 〜 4 人 1 組のグループに分け，用意した教
　材をグループごとに配布する

2）OHP シートに何が描かれているかを，それぞ
　れ説明する。

3）ルール説明

「この地図の中に，新規の保育園を 2 つ設置する
　ならば，どこがふさわしいか，理由をつけて提
　案することがゴール」と説明する。

4）地形図と OHP シートを 1 枚ずつ重ね合わせ，
　どの情報（OHP シート）を重ねて読み取るこ
　とが最適解となるのか，グループごとに探す。

5）それぞれの場所を調べ，約 5km^2 の OHP シー
　トに書き込む準備作業が 1 時間以上かかって
　いることを説明し，東京都 23 区内全域であれ
　ば，どれだけの時間を要するかをイメージさせ
　る。

6）GIS を用いれば，準備に要する時間をどれだ
　け短縮できるかイメージさせる。

　なお，このワークは，最初から身近な地域を対
象とするのではなく，ふりかえりで身近な地域へ
置き換えて考える機会を与えるため，ゲームで扱
う対象は，生徒とは縁の薄い地域を選ぶことが望
ましい。

5-4　「地理総合」におけるデータ分析

5-4-1　人文地理学分野

　教科書準拠で授業を進めていく場合，GIS の仕
組みを理解すると，次は地理院地図を用いて地形
の学習に取り掛かるのが，高校地理教育における
王道であろう。しかし，総合学習において「身近
な地域・生活圏」から徐々に視野を広げることを
中学 1 年次から取り組んでいる本校の生徒にとっ
ては，同様の手順を経て学習範囲を広げた方が，
親和性が高いと考えた。そこで本校では，中学 1
年次に 1 度は触れた経験のある「RESAS」を用い
て，「祖父母が暮らしている都市」「旅行で訪れた
ことのある町」「旅番組で見て行ってみたいと感
じた場所」など，首都圏以外で何らかの縁がある
自治体を 1 つ選び，生徒自身が暮らしている地
域との比較を行う。何らかの縁がある自治体を選
ぶことで，「どのような街であるか」のイメージ
を持つことはできる。しかし，ウェブサイトで観
光に関する情報を検索すると，明るい話題ばかり
を目にすることになる。また，年末年始やお盆な
どで帰省する地域を選択した場合，帰省や観光で

大勢の人が集まっている様子は目にするものの，人が少なく閑散とした日常的な街の姿を目にすることはできない。そこで，自身が暮らしている街と統計的な比較を行い，その街の課題を掘り起こすことによって，当初持っているイメージとは全く異なる認識へと変化することがある。このように「認識の変化」という経験を通して，直感だけでなく統計的に分析することの意義を理解することが，この授業のねらいである。さらに，この活動をもとに，生徒なりに現地の課題を見出し，現地に暮らしていない第三者の目線での解決策を考察する。

「RESAS」は，市区町村単位や都道府県単位でのみ表示されるデータが多く，地域の概観を捉えるという点では有用であるが，中心市街地と郊外を比較するといった地域を細かく見つめるデータ分析には適していない。そこで，「RESAS」で地域を概観した上で，総務省が公開している「地図で見る統計（jSTAT MAP）」や，帝国書院と都市構造可視化推進機構が公開している「地域見える化 GIS　ジオグラフ」を用いて，より詳細に地域の情報を把握する機会を設ける。

「jSTAT MAP」は，国勢調査をはじめとする総務省関連の統計を地図化することに特化しており，メッシュデータの他に町丁字別（小地域）でのコロプレスマップを表示できるなど，非常に細かい単位で地域を見つめることができる。

「ジオグラフ」は，都市構造可視化推進機構が作成したメッシュデータを Google Earth 上で 3D 表示できるツール「都市構造可視化計画」を，高等学校の教材として教育現場で活用するために再編集したものである。基本的には人口・経済・防災に関する詳細な情報を，Web ブラウザ上で表示できる。たとえば，「ジオグラフ」を使えば，任意の地域での高齢化の状態を，簡単な操作で理解しやすい図を作成できる（図 5-1，図 5-2，図 5-3）。

　これらの操作方法については，教員が大型スク

図 5-1　「ジオグラフ」の QR コード
https://www.geograph.teikokushoin.co.jp/

Web ブラウザ上で「ジオグラフ」を開き，「ジオグラフをはじめる」をクリック。

「高校地理総合」の「選択」をクリック。

「地図や地理情報システム」をクリック。

メニューを下にスクロールして「11-11　ニュータウンの高齢化」をクリック

場所の入力欄をクリックして日本地図もしくはリストから都道府県をクリック。続いて全体もしくは任意の市町村をクリック。

選択した地域に関し，$1km^2$ メッシュごとに 65 歳以上人口割合（%）がバーの高さ，65 歳以上人口総数（人）がバーの色で表示。

凡例パネルの「詳細を見る」をクリックしてデータの詳細情報を表示。凡例パネルの「1%：200m×1」をクリックしてバーの高さを設定。

時計パネル：データの年次を切り替え
写真パネル：地図の背景を切り替え
回転パネル：「ＯＮ」にすると画像が回転

画面上側のタブで「地域の昔と比べる」を選択。

2 画面表示になったら片方の時計パネルをクリックして異なる年次のデータを表示。

選択した地域における高齢化の実態を可視化

図 5-2　「ジオグラフ」による地域の高齢化の可視化手法

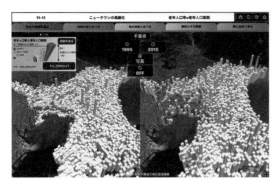

図 5-3　「ジオグラフ」で示したニュータウンの高齢化
（1995 年・2015 年の比較）
「ジオグラフ」により作成。

リーンに投影し生徒と同じペースで作業を例示するのみで，端末のフリーズやシステムエラーには対応するが，その他の質問に関しては，生徒自らが基本的に各システムの Q&A や Web サイトで検索し，クラスメイトと教え合うことで解決するように指示をしている。例示する際には，人口に関するデータから高齢化や人口偏在といった都市や居住に関する問題点に触れ，経済に関するデータから商圏の概念に触れる。その後，「第三者の目線で地域の『もったいないこと』を見つけ，改善案を考えよ」という課題を示し，生徒が自由に端末を操作する時間を設ける。この一連の作業は，表示された図表をいかに読み取り，どのようなデータを取捨選択するかを各自が考え，さらに生徒自身が考えた解決策は適切だと説得するために GIS を活用する意義があるのだと，あらかじめ生徒に説明をしている。

　課題としては，「地域の概観」「地域の課題」「解決に向けた自身のアイデア」をスライドにまとめ提出を求めているが，ほとんどの生徒がクオリティの高いスライドを作成している。

　なお，このワークそのものが，定期テストや成績評価に直結するわけではない。そのため，このワークについて他校の先生方から授業態度や完成度について問い合わせをいただくことがある。ワークの位置づけを明確にした上で，クラスメイトとスライドを見せ合い，コメントを入れる機会

を設けることで，生徒はしっかりとしたスライドを見せようという思いにつながっており，心配には及ばない。

5-4-2　自然地理学分野

　本校では，1 学期中に「身近な地域・生活圏」で都市や居住問題，商圏に触れた後，1 学期の終わり頃から 2 学期の前半にかけて，防災や気候，環境問題をテーマとする学習に取り組む。首都圏に暮らしている高校生にとって，災害を最も身近に感じやすい時期は，7 月下旬から 9 月にかけてである。最も風水害の被害を受けやすい時期ということに加え，1923 年の関東大震災が発生した 9 月 1 日に防災訓練を行う学校が多いからである。そこで，教科書掲載順とは異なるが，災害を身近に感じやすい時期に，防災に関する学習に取り組むように設定している。

　まず，洪水による浸水域を想定したハザードマップを改めて閲覧する。中学 1 年次にも閲覧しているが，「どこがどれだけ浸水するのか」という情報を閲覧しているのみであり，仕組みの理解には至っていない。そこで，有料であるが，国内外の様々なデータがセットされている Web GIS アプリ「地図太郎 Lite for Education」（https://chizutaro-lite.tcgmap.jp/）で浸水想定区域（つまり，ハザードマップ）を閲覧する。この時，このツールで色別標高図をはじめとする複数の地図と重ね合わせることで，どのような情報を読み取ることができるかを考えさせる（図 5-4）。首都圏の沿岸部では，とりわけ標高・浸水域という 2 つの要素だけで捉えてしまいがちであるが，内陸部に目を向けると，旧河道や河川の合流点などがより深く浸水することが一目瞭然となる。

　従来は，在校生が暮らしている地域が危険だという情報を全員には知らせないということが掟であった。しかし，生死に関わる情報だからこそ，全員で生徒の通学圏内を閲覧するようにするべきである。とりわけ，東京ではその被害の広範さか

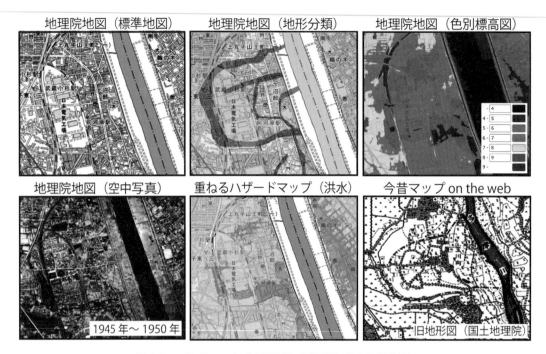

図 5-4　ハザードマップ・色別標高図・旧地形図で見た多摩川流域
「重ねるハザードマップ」「地理院地図」「今昔マップ on the web」により作成。

ら荒川流域に目が向きやすいが，旧河道が浸水したことが記憶に新しい多摩川や，河川の急カーブや合流点が深く浸水する鶴見川，河川の規模が小さく，あまり目に止まることの少ない神田川や目黒川といった，生徒の生活圏を重点的に注目させる必要がある。

　そうして身近な地域における事例を見た上で，長野や広島，岡山など 10 年以内に大規模な風水害が発生し，生徒の記憶にも新しい現場のハザードマップや地図情報を閲覧することで，「どうしてその場所が危険な状況に陥ったのか」を考えさせ，一般化を促す。情報の取捨選択を生徒自身が行うことができるようにしつつ，一般化を促すことによって，地形と災害の因果関係を伝えることができる。

　学習では，風水害から小地形，地震や火山から大地形へと進み，異常気象という観点から気候に言及する。その一環としてエルニーニョやフェーンといった現象に触れるが，その理屈は従来，教科書に掲載されたイラストから理解することが求

められてきた。しかし，GIS を用いることによって，その現象が起きている時の全体像を可視化することができる。

　「earth :: 地球の風，天気，海の状況地図」を用いると，汎地球的に大気や海水の温度・動きを可視化することができる。あらかじめエルニーニョやラニーニャ，フェーンといった自然現象が際立っていた年月を生徒自身が調べ，このサイトにおいて，その年月における大気や海水の温度・動きを表示させると，エルニーニョとはどういった現象を指すのか，直感的に理解することができる（図 5-5, 図 5-6）。その上で，日付を変えて大気や海水の状態を読み取ることで，その時がエルニーニョであったのか，ラニーニャであったのか，どちらでもなかったのか判断させることで反復学習となる。さらに風の動きを長期的に見つめると，オゾンホールがどうして南半球でばかり大きくなるのかを理解するきっかけになる。

　このように，GIS を授業の一端で活用することによって，データから「つまり何が言えるか」を

図 5-5　「earth」の QR コード
https://earth.nullschool.net/jp/

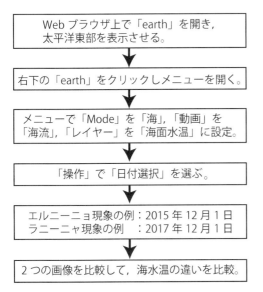

図 5-6　「earth」によるラニーニャ・エルニーニョ発生時の
海水温の可視化方法

考えるきっかけとなる。そればかりか，全体像から部分地域を拡大して閲覧することができるため，「注目すべき地域」がどこであるかを考えさせ，それをどのように表現すべきかといった「適切な投影法」を判断させることができる。いずれも，GIS を活用せずに学習内容を教授することはできる。しかし，生徒が自ずと学習する背景には，GIS を活用することによって，教科書などに掲載された事例でなく，「身近な事例で学習のストーリーを描く」ことがあると思われる。

5-4-3　定期試験での出題

　これまで，GIS を活用した授業実践の一例を紹介してきた。授業として GIS を活用した実習が成立したとしても，「筆記試験を通してどのように

評価するか」が高校の先生方にとって，最も気になる点ではないだろうか。

　本校の地理総合では，成績評価は筆記試験のみを成績評価の対象としている。GIS に関する実習や提出物が成績評価の対象でないのであれば，他教科・他科目の教員や，生徒から反対の声が挙がるのではという質問を受けることが多々ある。しかし実際には，定期試験と実習は密接に関係しており，GIS 実習で生徒自身が分析したデータや類似するデータを示し，「何を読み取ることができるか」に重点を置いた問題を出題している。

　ここで，過去の定期試験での出題例を示す（図5-7）。色別標高図は，色から直感的に安全か危険かを捉えるのではなく，凡例を気にすることの重要性を確認する問題となっている。「RESAS」や「jSTAT MAP」は，データによっては実数のままコロプレスマップで表示され，塗り分けの基準も自動的に設定されるなど，地図学習の観点から使用の際には注意が必要なツールであるが，その弱点を逆手に取り，誤解のない地図表現をするために，どのような点を修正する必要があるかを答えさせるという問題としている（図 5-8）。実際に，共通テスト地理 A・B で地域のデータが示された図表を読み取る問題が出題されているだけでなく，共通テスト数学 I・A の「データ分析」単元においても地域に関するデータを示した図表を読み取る問題が出されるなど，GIS 実習を通して学ぶ内容は大学入試でも求められている。

5-5　「地理探究・探究学習」に向けて

　最後に，高校における地理教育が発展した 1つの形態を紹介して締めくくる。本校では，授業とは別に課外授業や有志活動を展開しており，GIS に関しては，遠隔地にある他校との交流授業や，有志による防災活動や地域探究を行っている。

　交流授業は，「Google ストリートビュー」を用いて相互に地域を紹介し，「RESAS」や「jSTAT

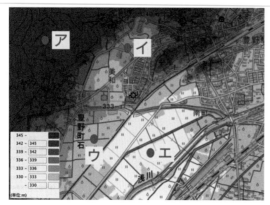

**図 5-7　色別標高図を用いた浸水リスクに関する出題で
用いた図**
「地理院地図」により作成。正答率は 42%。

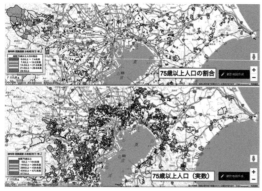

**図 5-8　jSTAT MAP で示した高齢者数と高齢化率の出題で
用いた図**
「jSTAT MAP」により作成。正答率は 58%。

く診療科ごとに地域の偏在を捉えたものなど多岐
にわたる。

　高校生が自ら課題と感じた時に，授業において
GIS を使い，データを地図化するという一連の作
業を経験していることで，その課題に向き合いた
い，取り組んでみたいという積極的な意思を示す
ようになっている。GIS を用いた個別学習は，生
徒の探究心を掘り起こすだけでなく，キャリア教
育という点で，大きな力を発揮していると言える
だろう。　　　　　　　　　　　　　（河合豊明）

MAP」を用いて客観的に地域を見ることで，「よ
そ者目線」で課題を捉え，解決策を考えるという
取り組みである。コロナ禍により，オンラインで
の交流に対するハードルが下がったことで，これ
まで地方の 4 高校と展開し，自治体への提案や
学会発表などへつながっている。

　有志活動は，生徒自身が身近に感じたテーマに
ついて，生徒目線で調査し，集めたデータを GIS
によって地図化し分析するものである。生徒自身
が祖父母の暮らす自治体に対して一方的に提案す
るもの，ハザードマップを直感的に理解できるよ
うにと改良し，全校生徒にアンケートを実施した
もの，授業で扱った「中心市街地」を懐疑的に捉
え，自分なりに再構成したもの，医師数だけでな

第**6**章

地図と GIS の学習指導におけるルーブリックと観点別評価

6-1 「地理総合」元年の学習指導と観点別評価

　「地理総合」元年の一年間の授業実践の様子を「地図と GIS」の学習指導に特化して記録した。高等学校間でも他校の様子は知らないことが多く，ましてや教育学部や教職課程を擁する大学においても現場の様子は見えにくい。さらに，高校にも観点別評価の大波が押し寄せ，現場の教員も少なからず混乱している。地理教育に関わるすべての人びとと現状を共有し，持続可能な地理教育や評価の在り方を模索する一助となれば，本章の目的は達せられるかもしれない。

　2022（令和 4）年 4 月より，「地理総合」が必修化し，高等学校でも観点別評価が導入された。社会科目について，筆者が務める東京学芸大学附属高校では，1 年次に「地理総合（2 単位）」と「歴史総合（2 単位）」，2 年次に「公共（2 単位）」を必履修し，3 年次に「地理探究（3 単位）」「日本史探究（3 単位）」「世界史探究（3 単位）」「政治・経済（2 単位）」「倫理（2 単位）」を選択履修するというカリキュラムになっている。

　また，本校は教員養成大学の附属高校であるという役割を担い，毎年のべ 200 名以上の教員免許取得を目指す大学生が教育実習にやってくる[1]。そして，地理歴史・公民科の高等学校教員免許状取得を目指す学生は，高校 1 年生または高校 2 年生で必履修科目となっている「地理総合」「歴史総合」「公共」のいずれかの科目を担当すること

になる。地理についていえば，これまでは地理が必履修でなかった時代の学生が教育実習に参加するため，高校時代に地理を履修していない学生も高校地理の授業を担当することがあった。しかし，「地理総合」の必修化によって，そうした状況は 10 年以内には解消することが見通せる。

　新指導要領に基づく「地理総合」の学習内容は，3 つの大項目「A　地図や地理情報システムで捉える現代世界」「B　国際理解と国際協力」「C　持続可能な地域づくりと私たち」から成り立っている。「地理総合」元年における本校の学習内容の実施時期の実例を表 6-1 に示し，地図と GIS に関連する学習指導の実例を図 6-1 ～図 6-4 にまとめた。

　また，新指導要領では，いずれの教科・科目も，3 観点（①知識・技能，②思考力・判断力・表現力，③主体的に学習に取り組む態度）に基づく観点別評価を実施することになっている。本校では，それぞれの観点について，学期ごとに「A・B ＋・B・B －・C」という 5 段階の観点別評価を，表 6-2 のようなデジタル通知表[2] を通じて開示している。観点別評価は，ともすれば評価者の主観に陥りがちである。そこで，評価者と学習者の合意を仲立ちするものとして「ルーブリック[3]」を作成し，あらかじめ開示した「ルーブリック」に基づいて評価することを試みた。

　本校では，「1 to 1（1 人 1 台ノートパソコン所持）」を実現しており，授業でのパソコンの積極的活用が求められている。しかし，有料のソフトウェアを導入することには抵抗が伴い，デジタ

表 6-1　高校 1 年次「地理総合」における学習内容の実施時期

学期	1学期				夏休み	2学期前半		2学期後半		3学期		
月	4	5	6	7	8	9	10	11	12	1	2	3
地理関係イベント		地理実習		期末考査	林間学校	教育実習			期末考査	発表授業・レポート作成		
学習内容（大項目）	A：地図や地理情報システムで捉える現代世界					B：国際理解と国際協力				C：持続可能な地域づくりとわたしたち		
本校の学習内容（小項目）	A（1）地図や地理情報システムと現代世界　C（2）生活圏の調査と地域の展望					B（1）生活文化の多様性と国際理解		C（1）自然環境と防災		B（2）地球的課題と国際協力		
授業の主題	・地図の歴史 ・現代の地図 ・地形図読図	・地理院地図 ・主題図作成 ・GIS ★	・地理実習 ・都市の構造 ・RESAS ★			・世界の気候	・アジアの生活文化	・世界の地形 ・沖積平野の地形	・防災 ・ハザードマップ ★	・5人グループでの35分の発表授業 ・SDGsと関連したテーマを設定 ・A4サイズのレポートを1冊完成して提出		

本校の定期考査は 5 月・7 月・10 月・12 月・3 月の 5 回．「地理総合」は 7 月・12 月のみ実施．「本校の学習内容」におけるアルファベットと数字は学習指導要領に対応している．

表 6-2　デジタル通知表のイメージ（観点別評価・評定部分）

教科	科目	観点別学習状況												評定
		知識・技能				思考力・判断力・表現力				主体的に学習に取り組む態度				
		1学期	2学期	3学期	学年	1学期	2学期	3学期	学年	1学期	2学期	3学期	学年	
国語	言語文化	B	B	B−	B	B+	B	B	B−	B	B−	B+		3
	現代の国語	B	A	B	B	B	B+	B	B	A	B	A	A	4
数学	数学A	A	C	B	B	B+	C	B	B−	C	A	B+	B+	3
	数学I	B−	B+	B+	B	B	B+	A	A	C	A	B	B	4
地理歴史	地理総合	A	A	B	B+	A	A	B+	A	A	B	A	A	5
	歴史総合	A	A	A	A	B+	A	B	B+	B	B+	A	A	5
	…													

ル地図や GIS（地理情報システム）について学ぶ際にも，できるだけ無料で使いやすいものを活用する工夫が必要である．本校では，表 6-1 の★印の授業単元で，国土地理院監修の「地理院地図」や「重ねるハザードマップ」，経済産業省・内閣官房監修の「地域経済分析システム（RESAS）」を教材として用いた．学習を通じて獲得した地図活用技能を，学習者が継続的に運用できることを，地理学習におけるコンピテンシー[4]の 1 つとして位置づけた．

6-2　「地理院地図」を活用した学習指導（自然地理分野・ベクターデータの学習）

5 月末から 6 月にかけて，「地理実習」[5]を実施するため，地形図を用いて実習ルートを確認す

る技能が必要となる．そのため，地理実習の事前・事後学習として，地図や GIS，ならびに都市の歴史や内部構造などに関する学習内容を取り扱っている．また，地理実習の事前学習として，東京都心部の地形段彩図の色塗りを課題としている．「地理院地図」なら同じ作業を短時間で行うことができる．しかし，この作業を紙地図で行うことにより，25,000 分の 1 地形図を主題図に変えるとともに，一般図をよく観察する機会を作ることができる．また，紙地図にルートを書き込んで，実習当日はその紙地図を手に実踏することになる．目的に応じた紙地図とデジタル地図の使い分けについても生徒ともに考えたい．

地図と GIS を結びつける初回の授業は，「地理院地図で GIS」と名付け，学校の周辺地域を題材に，一般図への主題のオーバーレイ，さらにベクターデータの GIS を体験させることにした．図

■地理院地図でＧＩＳ（地理情報システム）の基本を体験しよう。

★今回のテーマ：＿＿＿＿＿＿

★今回の課題：次のステップに従って学校周辺の地理情報を示した QR コードを入手して提出せよ。

1．地理院地図の初期画面を開く（　https://maps.gsi.go.jp　）

2．右上の「ツール」を click

3．右横の「並べて比較」を click

4．中央十字線を示したまま、本校の中央が中央十字線の中心になるように縮尺を変更する

5．左下のスケールの目盛りが 300m になるようにする

6．右側の地図：自然地形をオーバーレイする
　　①右側の地図内、左上の「地図」のアイコンを click
　　②右横に出た「地図の種類」の帯、下部の「選択中の地図＞標準地図」の「グレースケール」を click
　　③中央部の「地図の種類＞土地の成り立ち・土地利用」を click
　　④上から 7 番目の「地形実験（ベクトルタイル提供実験）」を click
　　⑤「地形分類（自然地形）」を click
　　⑥右横の帯の上部にある 　＞　 を click して「地図の種類」をしまう
　　⑦学校の所在地をマウスで click し、地形分類の「土地の成り立ち／自然災害リスク」を示す
　　⑧画面上の他の凡例に分類されている地域を、左 click し、解説を示す

⇒画面上に現れた地域の解説から要点を書き出し、学校周辺の自然地形を確認しましょう。

7．左側の地図：色別標高図を作成する
　　①左側の地図内、左上の「地図」のアイコンを click
　　②左横に出た「地図の種類」の帯、下部の「選択中の地図＞標準地図」の「グレースケール」を click
　　③中央部の「地図の種類＞標高・土地の凹凸」を click
　　④上から 2 番目の「自分で作る色別標高図」を click（※選択された項目が薄水色に着色される）
　　⑤地図の左下に、中央十字線の中央の標高が示されていることを確認して書き取る

　　＊中央十字線の中央の標高：＿＿＿＿＿＿＿m

　　⑥左横の帯の上部にある 　＞　 を click して「地図の種類」をしまう

⇒⑤で書き取った標高をヒントに、凡例の数値を変えて、適切な色別標高図を作成してみましょう。

8．完成したら、上部右上の「共有」を click

9．真ん中の「QR コード」を選択し、「JPEG 形式」でダウンロードを選択する

10．9 を保存し、ファイル名を「組・番・氏名」に変更して Google ドライブに投稿する

課題1：画面上に現れた地域の解説から要点を書き出し、学校周辺の自然地形を確認しましょう。

課題2：適切な色別標高図を作成するために配慮すべきことを、意見交換して記録を取りましょう。
＊適切な数値が決められたら、凡例下部の「グラデーション」と「陰影」に✔を入れて反映してみましょう。

課題3：左右の主題図を比較して、学校周辺の地形の特徴を5行でまとめましょう。
＊方位・数値（距離・標高）を含めて、他の人にも伝わる説明を目指しましょう。

【学習評価ルーブリック】　　　　　　　　（※授業終了時に自己評価をして提出、該当項目に○印をつける）

4	3	2	1
地理院地図を楽しんで活用し、意欲的に意見交換に参加して相手の意見の良い部分を取り入れて自分の意見を構築できた。	地理院地図を楽しんで活用し、意欲的に意見交換に参加して主体的に自分の意見を主張できた。	地理院地図を楽しんで活用し、意欲的に意見交換に参加して積極的に相手の意見を傾聴できた。	地理院地図を楽しんで活用できた。

年　　　組　　　番　氏名：

図 6-1　「地理院地図で GIS」授業プリント（2022 年 5 月実施）

6-1 に掲載した授業プリントは 2021 年の地理総合準備段階に，本校の「第 20 回公開教育研究大会」にて発表した公開授業であり，全国で汎用性のある教材プリントになるように工夫をしたものである。このプリントは，左に作業指示，右に知識・技能，思考力・判断力・表現力および主体的に学習に取り組む態度を引き出す課題を設定したものであり，B4 版で 1 枚のサイズである。プリント左上の「今回のテーマ」には，「地理院地図を使って学校周辺の地形を説明しよう」と板書したものを，生徒に自らの手で記入させることで，授業の主題を明確に意識させた。

課題 1 では，「学校周辺の自然地形を確認する」ことを設定していた。「地理院地図」を活用してこうした作業ができるようになることは，防災分野の「ハザードマップで GIS」の伏線にもなって

いる。プリント左側の一連の作業で作成した「地理院地図」は，QR コードに変換して提出を求めた。画像データで出してもらうことも可能だが，QR コードに保存することで，スマートフォンでも読み出すことができ，画像データよりも汎用性の高い地図データが保存できる。また，「地理院地図」の QR コードは作成段階で色彩をカスタマイズできるため，生徒はデータの保存にも楽しんで取り組むことができる。また，課題の確認をする教員も，他の生徒の作品を閲覧する生徒たちも，QR コードを読み取る際のワクワク感が一興である。

そして，プリント右側の課題 2 では，「適切な色別標高図を作成するために配慮すべきこと」を意見交換し，自分だけの視点に限定されないよう配慮した。さらに，課題 3 では，学校周辺の地形の特徴を方位・数値（距離や標高など）を含め

て，他の人にも伝わる説明を 5 行でまとめるように設定し，言語表現力を意識した。実際に他の生徒の文章を交換して読み，生徒同士で添削をして返却するなどを事後学習として行った。

　一連の地理の学習において，生徒が紙地図もデジタル地図も十分に読図し，使いこなせる技能の獲得を目標に据えたい。しかし，地形図の読図に苦手意識を持つ学習者は多く，地図の活用でつまづくと今後の地理学習に困難を抱えることになる。そこで，1 学期の地図学習は「楽しんで活用する」ことをメインに教材プリントを作成し，楽しんで活用できたか否かを自己評価するルーブリックを添付した。ここでは，ルーブリックが授業者と学習者の主題に取り組む合意である点を応用し，生徒は最低限（楽しんで）「地理院地図」を活用すれば，ルーブリックの 1 に○を付けることができる。また，アクティブラーニングの導入が推奨されることを配慮し，授業内で周囲の学習者と意見交換をして，新しい意見を構築することが最も評価できる状態であると明記した。今回は自己評価であり，直接的には観点別評価に組み入れてはいないが，ルーブリックの評価基準の表現を工夫することで，学習者が学習に向かう好ましい態度をメッセージに込めることができる。

6-3 「RESAS」を活用した学習指導
（人文地理分野・ラスターデータの学習）

　地理実習終了後，6 月に事後学習として都市の内部構造について学習をした。ここでは，東京特別区（23 区）の昼夜間人口比率に基づいた主題図の作成（着色作業を実施）と，その主題図の読み取りから，いわゆるドーナツ化現象を読み取った。地理実習で主に千代田区や中央区に注目すると，国勢調査によると 2020 年の昼夜間人口比率[6]は千代田区で 1753.7，中央区で 456.1 と，いずれも 100 を大きく上回り，日本の首都機能を担う両区の昼間人口が夜間人口に比べて非常に大き

くなっていることが読み取れた。一方，学校の所在地である世田谷区の昼夜間人口比率は，85.3 と 100 を下回り，居住地としての機能が特徴的であることを確認できた。

　そのうえで，「RESAS で GIS」と名付け，学校の周辺地域を題材に，一般図への主題のオーバーレイ，さらにラスターデータの GIS を体験させることにした。授業プリントは「地理院地図で GIS」と同じ構成にした（図 6-2）。まず，「RESAS を使って学校周辺の人口を説明しよう」と板書したものを，プリント左上の「今回のテーマ」に生徒に自らの手で記入させることで，授業の主題を明確に意識させた。

　課題 1 では，左のステップ 6 までで作成した世田谷区の人口メッシュマップから読み取れた人口分布について 5 行で文章化させた。ここでは，メッシュマップの特性上，公園や学校，首都高速道路や河川などがある地域の「人口」は小さくなることを読み取らせた。また，その結果を活かして，GIS のラスターデータの特徴や読み取る際の注意点を確認し，教科書ベースの GIS の学習も兼ねて授業を展開した。

　そして，課題 2 では，世田谷区が東京都においてどのような特徴をもつ地域かを読み取るために，世田谷区の「昼夜間人口比率」「昼間人口」「夜間人口」の 3 つの主題図を比較して 5 行の文章化を試みた。

　さらに課題 3 では，「RESAS」で表示される世田谷区の「地域間流動グラフ」「属性別流動グラフ」から読み取れる世田谷区の人口に関する特性について，周囲の生徒間で意見交換し，記録しておくことを課した。優れた生徒の記録としては「世田谷区は昼間人口の約 8 割が世田谷区民で，あまり昼夜で人の流動がない。また，昼に世田谷区に流入する人は神奈川県民が多く，昼に世田谷区から流出する人は都心 3 区（特に港区）などに滞在している。昼夜で人の流動が小さい理由は，15 歳未満と 65 歳以上が人口の 30％を占めているた

■RESASでGIS（地理情報システム）の基本を体験しよう。

★今回のテーマ：
★今回の課題：次のステップに従って世田谷区の人口に関するメッシュマップと階級区分図を分析せよ。

1．RESAS（地域経済分析システム）の初期画面を開く（　https://resas.go.jp　）
2．左上の「メインメニュー」をclick
3．下部に出た「人口マップ」をclick
4．右下に出た「人口メッシュ」をclick
5．人口のメッシュマップを作成する

   ①右側に出た上部の　📍　のアイコンで「東京都」＞「世田谷区」を選択
   ②表示年が「2015年（最新）」であることを確認する
   ③表示方法は「総数」を選択する
   ④表示する内容は「総人口」を選択する
   ⑤メッシュ読み込みは「透過率50％」を選択する
6．右下のスケールの目盛りが500mになるようにする
⇒課題❶画面上に現れた主題図から要点を書き出し、学校周辺の人口分布を説明しましょう。

7．左上の「人口マップ」をclick
8．下部に出た「まちづくりマップ」をclick
9．右下に出た「通勤通学人口」をclick
10．世田谷区の昼夜間人口に関する主題図を作成する
   ①右側に出た表示レベルは「市区町村単位で表示する」を選択
   ②上部の　📍　のアイコンで「東京都」＞「世田谷区」を選択
   ③表示年が「2015年（最新）」であることを確認する
   ④表示する内容は「昼夜間人口比率」「昼間人口」「夜間人口」の順で選択する
   ⑤表示方法は「総数で見る」であることを確認する
   ⑥メッシュ読み込みは「透過率50％」を選択する
⇒課題❷で画面上に現れた主題図から要点を書き出し、東京都の人口分布を説明しましょう。

11．右下のスケールの目盛りが5kmになるようにする
12．　地域間流動をグラフで見る　をclick
13．　属性別流動をグラフで見る　をclick
⇒12と13で示された円グラフから世田谷区の人口分布の特徴の要点をまとめてみましょう。

＊右下の「追加する」をclickすると、右上のダッシュボードに主題図が保存される。

課題1：画面上に現れた主題図から学校周辺の人口分布について5行でまとめましょう。
＊方位・数値を含めて、他の人にも伝わる説明を目指しましょう。

課題2：10・④の3つ主題図を比較して、東京都の昼夜間人口分布について5行でまとめましょう。
＊方位・数値を含めて、他の人にも伝わる説明を目指しましょう。

課題3：12と13のグラフから読み取れたことを、意見交換して記録を取りましょう。

【学習評価ルーブリック】　　　　（※授業終了時に自己評価をして提出、該当項目に〇印をつける）

4	3	2	1
RESASを楽しんで活用し、意欲的に意見交換に参加して相手の意見の良い部分を取り入れて自分の意見を構築できた。	RESASを楽しんで活用し、意欲的に意見交換に参加して主体的に自分の意見を主張できた。	RESASを楽しんで活用し、意欲的に意見交換に参加して積極的に相手の意見を傾聴できた。	RESASを楽しんで活用できた。

年　　　組　　　番　氏名：

図6-2　「RESASでGIS」授業プリント（2022年6月実施）

めであり、昼間人口は15～24歳が多く、高校や大学への通学が大きな割合を占めると予想される」などがあった。さらに国道246号線および東急東横線や田園都市線などの交通網と関連づけられれば考察を深めることができる。

6-4　「重ねるハザードマップ」を活用した学習指導（防災分野）

2学期の終わり頃、地域の生活文化と気候や地形の学習を一通り終えたところで、「ハザードマップでGIS」と名付け、防災分野でGISを活用する課題を設定した。ここではあらかじめ2学期の観点別評価に加味することを伝達し、観点別のルーブリックを掲載した両面刷りの教材プリント

を作成して配布した（図6-3、図6-4）。プリント表面の左上にある「今回のテーマ」には、「ハザードマップを使って自然地形と災害リスクを説明しよう」と板書したものを、生徒に自らの手で記入させることで、授業の主題を明確に意識させた。

まず、プリント表面では学校周辺についてハザードマップを作成するとともに、授業の中で学校周辺の自然災害リスクを考察し、緊急避難場所[7]の情報や災害発生時に取るべき行動を考察する課題を設定した。左のステップ7では、災害発生時の所在地によって場合分けを行い、「①学校にいる場合」「②最寄りの公園にいる場合」「③最寄りの商業施設にいる場合（自分がよく行く商業施設を想定する）」の3つのケースを想定した。また、板書によって「A：土砂降りによって1時間

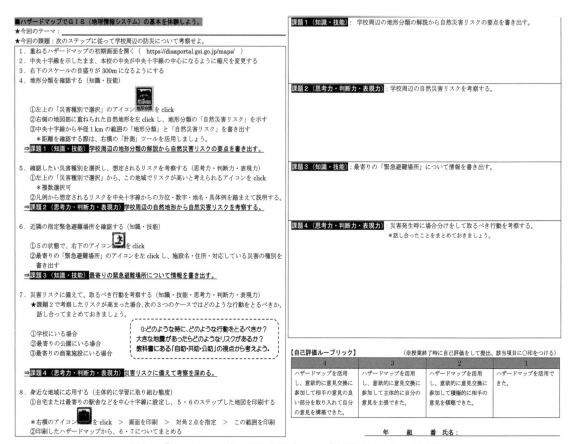

図6-3　「ハザードマップでGIS」授業プリント【表面】（2022年11月実施）

後に河川氾濫の危険がある」「Ｂ：震度５弱の地震が発生した」という現実的な災害の条件を付け加え，これらを組み合わせたＡ－①，Ａ－②，Ａ－③，Ｂ－①，Ｂ－②，Ｂ－③の６つの場面を想定して，４～６人のグループで話し合い，記録をまとめることを課した。

　さらに，プリント左のステップ８では，上記作業を「身近な地域に応用する」とした。自宅または最寄りの駅舎を中心に作成したハザードマップを印刷して，裏面の左側に添付させ，この作業を「主体的に学習に取り組む態度」の観点別評価に加算した。

　プリント裏面では，左にデジタル地図を印刷して貼付し，右に課題１「最寄りの緊急避難場所の情報を書き出す」ことを「知識・技能」の評価，課題２「災害発生時に場合分けをして取るべき行

動を考察する」ことを「思考力・判断力・表現力」として評価した。なお，教科書にある「自助・共助・公助」の視点からも考察し，特に自助と共助について考察ができていることを「評価できる」状態とした。

6-5　学習指導ルーブリックと観点別評価の実例

　先の課題を実際に観点別評価に変換した実例を紹介する。今回の学習評価ルーブリックは表6-3の内容で，あらかじめプリントに掲載して生徒と共有している。１～４の尺度において，最低限「達したい水準」は２であり，大部分は２～４に該当する。一般的に，１はネガティブな表現で示されることが多いが，ルーブリックのメッセージ性

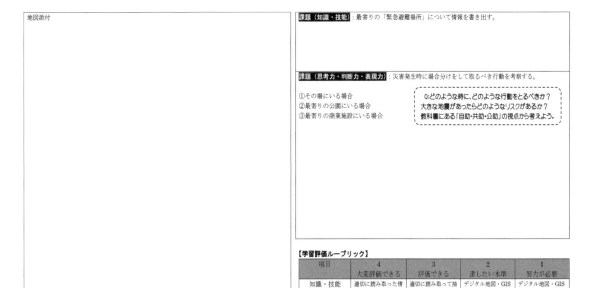

図 6-4　「ハザードマップで GIS」授業プリント【裏面】（2022 年 11 月実施）

表 6-3　「ハザードマップで GIS」の学習評価ルーブリック

項目	4 大変評価できる	3 評価できる	2 達したい水準	1 努力が必要
知識・技能	適切に読み取った情報と既知の知識を繋げて，汎用性のある考察ができる。	適切に読み取って抽出した情報と既知の知識を結びつけられる。	デジタル地図・GISを活用し，適切に情報を読み取って抽出できる。	デジタル地図・GISの活用に戸惑いがあり，目的とする主題図に到達するのみ。
思考力・判断力・表現力	災害リスク発生時に取るべき行動について，他者の意見を取り入れて視野を広げることができる。	災害リスク発生時に取るべき行動について，自助・共助の視点から意見を構築して共有できる。	災害リスクを自分事として捉え，考察を深められる。	身近なリスクを客観的に考察するに留まる。
主体的に取り組む態度	未知の状況に想像力を膨らませ，広域かつ複眼的に考察できる。	授業で学習した内容を複数の地域に応用して考察できる。	授業で学習した内容を身近な地域に応用して考察できる。	主題図を添付するのみ。

を考慮して全ての評価の文言が肯定的な表現になるように工夫をした。1 に該当する生徒は 1 人もおらず，ごく稀にある未提出は 0 として評価した。

　知識・技能の 4 に該当する記述の例は，「洪水，崖崩れ，土石流及び地滑り，地震，大規模な火事，内水氾濫の際には○○小学校（住所）に避難する。自宅からは 680m。この避難所に避難できない場合は△△地域区民センター（住所）に避難する。自宅からは 870m。」である。ここでの距離は，直線距離ではあまり意味がなく，道のりの距離を

地図上で測定しておくと良い。今回は，具体的な避難所とその住所，自宅からのおよその距離が数字で表記されていれば 4 に分類した。

　「思考力・判断力・表現力」で 4 に該当する記述の例を示す。「氾濫の危険があり，自宅にいる場合：最寄りの緊急避難場所に行くには浸水想定区域を通ることになるので，家で垂直避難をする。テレビやラジオで情報収集をすると共に，停電等に備え防災グッズを手元に置く。夜間は家族が交代で起きているようにする。高齢の家族がいるため，介助をして安全な場所に移動させるようにする。」「地震が発生し，商業施設にいる場合：商業施設から 50m のところにある小学校に避難する。棚からは離れ，頭を守る。また，救助が必要な際は AED を持って行くことを頭に入れておく。避難の際は場所を確認する。広いため大声を出すよう心掛ける。」とある。この様に想定されうる複数の場面において，周辺を視野に入れた自助・共助の視点が複数記載されていることが読み取れれば 4 とした。他にも，「商業施設ではアナウンスガイドをよく聞く」「パニックを落ち着かせる声掛けをする」「高齢者や幼児を誘導する」「避難所ではできることを手伝う」などの共助の記述がみられた。対象地域によって想定される災害が異なるため同一の基準は設けにくいが，この課題に取り組んだ全員が 4 になるよう授業者が授業実践することができれば良い。

　今回のルーブリックでは，生徒と評価者の間の共通認識が図りにくいという反省点がある。今後，ルーブリックは，生徒も評価ポイントが明確に理解できるような文言に改良していかなければならないため，来年度以降も継続的に尽力する必要がある。

6-6　事後アンケートから読み取れる学習者の学び

　2 学期の終わりである 2022 年 12 月に，一連のGIS の学習に関する事後アンケートを実施した。「GIS を活用した授業のうち，最も印象に残った授業はどれですか？」という質問に対しては，4 分の 3 の生徒が防災分野での GIS の活用が最も印象に残ったという回答が得られた（図 6-5）。

　また，「GIS を活用した授業後，日常生活の中で GIS を活用する頻度が増えたなどの変化はありましたか？（はい：授業後に以前よりも GIS を活用するようになった／いいえ：授業前から活用していた，または授業後も活用していない）」という質問に対しては，4 分の 1 の生徒が授業を機に GIS の活用頻度に変化があったという回答であった（図 6-6）。

　その中で「はい」と答えた生徒にあった具体的な変化の例を以下に示す。ハザードマップで GIS が最も印象に残った生徒のひとりは「ハザードマップを完成させたその日に，家で妹と一緒に活用しました。元々あまり使っておらず，また保健体育の授業で避難時に必要なグッズなどを学んだばかりだったので，家族で避難時の対応について

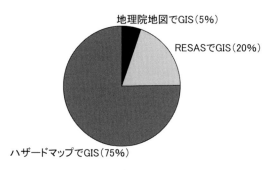

図 6-5　最も印象に残った GIS の授業
回答者は 149 名。

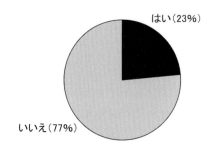

図 6-6　日常生活の中で GIS の活用頻度に変化があったか？
回答者は 149 名。

話し合いました。家だけで無く，妹の通う小学校や最寄駅，習い事の場所などから地形を考え，災害時にどのような危険性があるのか，また災害が発生した時にどのような道を通ってどこに行くべきかを考えるようになりました。家族の防災，減災意識が高まったと思います。」と回答した。また，「RESAS」でGISが最も印象に残った生徒のひとりは「自分の地域にはどのような特徴があるのかを，様々な視点から興味本位で調べるようになり，自分の祖母祖父が住む大阪ではどのような特徴があるのかを東京の都市と比較して考えるようになった。」という回答であった。さらに，「地理院地図」でGISが最も印象に残った生徒のひとりは「私は自転車で出かける事が多いので出来れば坂がない方がいいのだが，どこかに出かける際に地図帳で起伏を確認するのだと流石に無理があるが，「地理院地図」で標高を色分けしてから自転車で出かけるか電車で出かけるかを選ぶようになった。」と回答した。探究活動や3学期の地理の発表学習でも，例年に比べてGISを活用した事例が増えている実感が得られた。

6-7　持続可能な観点別評価を目指して ─ 相対評価から絶対評価へ

「地理総合」元年から高校の現場に導入された観点別評価は，なかなか難儀なものであった。生徒1人につき，12の観点別評価と3回の評定を算出した。この作業を生徒160人に対して繰り返さなければならなかった。とりわけ年度末には想定外の「評価疲れ」に見舞われたが，これは初年度ならではのものと願いたい。

観点別評価は，評価の算出の行程や回数が難儀なことは難点であるが，かねてから目指されてきた「絶対評価」を客観的に出しやすいという利点がある。かつての評価はどちらかといえば相対評価の要素が大きく，「点数による知識偏重の評価」や「個々の伸長を見取ることができない評価」と揶揄されてきた。一方，観点別評価は，試験の点数そのものがそこまで大きく影響しないため，他者と比較する場面は少なくなったと思われる。観点別評価は，「絶対評価」を達成する1つの方法であるといえる。

高校の教育現場で，試験を作成し，実施し，採点し，返却するという一連のイベントは大きな労力が必要である。科目によっては，最大で1年間に5回も試験を実施することもある。観点別評価を導入することで，試験の比重が小さくなるのであれば，回数を減らしてメリハリをつけることもできる。そして，どのような学習成果をどの観点に加えるかを吟味して，評価のシステムを確立できれば，持続可能な評価作業となるだろう。

（栗山絵理）

注
1) 本校の地理歴史・公民科の教育実習配当人数は，地理10名，世界史8名，日本史14名，公民14名である。
2) 通年で示される「評定」は5段階評定である。この5段階評定は，観点別評価などを点数化して算出している。
3) ルーブリックとは，表を用いて学習の達成度を測定する評価方法のこと。評価基準を行動ベースで明記することで，学習者の主体的な学習を促進する役割を担う。
4) コンピテンシーとは，優れた成果を創出する能力・思考・行動特性のことである。
5) 「地理実習」は，平日に都内旧江戸城外堀およそ16kmを1日かけて実踏する本校の教科行事である。
6) 値は2020（令和2）年国勢調査による。
7) 指定緊急避難所については，国土交通省の免責事項とし，最新かつ詳細の状況については必ず当該市町村に確認のこととしている。

文献
スティーブンス，D. D.・レビ，A. 著，佐藤浩章監訳 2014.『大学教員のためのルーブリック評価入門』玉川大学出版部.

コラム
4　観点別学習状況の評価（観点別評価）と評定

表④-1　デジタル成績表のイメージ（観点別評価・評定部分）

| 科目 | 1学期 | | | | 2学期 | | | | 3学期 | | | 通年 | | | 通年 |
	知識・技能	思考力・判断力・表現力	主体的に学習に取り組む態度	仮評定	知識・技能	思考力・判断力・表現力	主体的に学習に取り組む態度	仮評定	知識・技能	思考力・判断力・表現力	主体的に学習に取り組む態度	知識・技能	思考力・判断力・表現力	主体的に学習に取り組む態度	評定
言語文化	B	B	B	3	B	B+	B−	3	B−	B	B+	B	B	B	3
現代の国語	B	B	A	4	A	B+	B	4	B	B	A	B	B	A	4
数学A	A	B+	C	3	C	C	A	3	B	B	B+	B	B−	B+	3
数学Ⅰ	B−	B	C	3	B+	B+	A	4	B+	A	B	B	A	B	4
地理総合	A	A	A	5	A	A	B	4	B	B+	A	B+	A	A	5
歴史総合	A	B+	B	4	A	A	B+	5	A	A	B	A	B+	A	5
…															

　観点別評価の評定への総括については，東京都教育委員会（2020）『子供たちに未来の担い手となるために必要な資質・能力を育む指導と評価の一体化を目指して』でわかりやすく解説されている。本資料には小・中学校での指導と評価の一体化に関する事柄がまとめられている。観点別評価については，高校よりも早く実施された小・中学校の経験が大変参考になる。観点別評価は，単元や題材などのまとまりごとの学習状況をA，B，Cの3段階で総括したものである。

　第6章で示したように東京学芸大学附属高校では，この学習状況をA，B＋，B，B－，Cの5段階で評価しており，「十分満足できる」状況と判断されるものをA，「おおむね満足できる」状況と判断されるものをB，「努力を要する」状況と判断されるものをCとし，比較的Aに近い状況と判断されるものをB＋，比較的Cに近い状況と判断されるものをB－としている。学期ごとに生徒および保護者に示されるデジタル成績表のイメージは表④-1の通りであり，評定については観点別評価を総合的に判断して5段階評定に総括し，学期ごとに仮評定を開示して学習と指導に還元できるようにしている。なお，2022年

表④-2　2022年度「地理総合」における通年での各観点別評価の割合（%）

観点別評価	A	B+	B	B−	C	合計
知識・技能	32.7	45.3	17.6	4.4	0.0	100
思考力・判断力・表現力	36.5	43.4	16.3	3.8	0.0	100
主体的に学習に取り組む態度	67.9	22.7	5.0	3.8	0.6	100

対象者の合計は159名。

度における通年での各観点別評価の割合は表④-2の通りである。

　通年での観点別評価と学年末の評定はどう関連するのか。一般的に，「評価結果のA，B，Cの数を基に総括する場合」と「評価結果のA，B，Cを数値に置き換えて総括する場合」で評定が異なることがあり，さらにA，B，Cのそれぞれに学習の実現状況の幅があるため，「各観点が全てAならば評定は4以上となる」，「各観点が全てBならば評定は3となる」，「各観点が全てCならば評定は2以下となる」と例示している。

（栗山絵理）

文献
東京都教育委員会 2020.『子供たちに未来の担い手となるために必要な資質・能力を育む指導と評価の一体化を目指して』

コラム

5　観点別評価と試験問題

　学習評価については，文部科学省国立教育政策研究所教育課程研究センターの『「指導と評価の一体化」のための学習評価に関する参考資料 高等学校 地理歴史』でわかりやすく解説されている。評価方法の一例として「ペーパーテスト」がある。小テストや定期テストなどが「ペーパーテスト」に該当し，「知識・技能」については勿論のこと，出題の工夫によっては「思考力・判断力・表現力」を測る評価方法としても用いられる。特に後者は，「ペーパーテスト」のみならず，論述，レポート，発表，話し合い，ポートフォリオなどを通じても評価される。ここでは，「思考力・判断力・表現力」を測る試験問題について読者とともに考察を深めたい（図⑤-1）。

　Q1は，日本がUTC+9を使用するという知識があり，時差を算出できる技能が問われている。Q2は，Q1同様の「知識・技能」をもとに，〔条件〕から何を選ぶかという「思考力・判断力」が問われ，問題を文章化する「表現力」が問われている。さらに，日本をはじめとする北半球の都市は，12月は冬季であり，サマータイムは使用されていない。〔条件〕に示された都市が，地球上のどこに「位置」しているのかを知識として獲得していれば，正しい問題を作問することができる。

　なお，「ペーパーテスト」の設問はどの観点を測るものであるのかを生徒にわかるように明示し，観点別に算出された得点を学期ごとの観点別評価に加えている。

　「主体的に学習に取り組む態度」については，「ペーパーテスト」で測定することが難しく，レポートや学習後の振り返りなどを評価している。

（栗山絵理）

文献
文部科学省国立教育政策研究所教育課程研究センター 2021.『「指導と評価の一体化」のための学習評価に関する参考資料 高等学校 地理歴史』

★地球上の「位置」と時差に関する出題の例

【知識・技能】を問う問題

Q1：日本が2023年12月31日（日）午前10時の時，ウェリントンは何月何日の何時か計算しなさい。なお，ウェリントンはサマータイムを導入しており，UTC+12の標準時を使用している。

【思考力・判断力・表現力】を問う問題

Q2：次の〔語句〕の全てを必ず使用してサマータイムを考慮した時差を問う問題を作問しなさい。また，下の〔条件〕のいくつかを使用すること。

　〔語句〕サマータイム・12月31日・UTC
　〔条件〕日本・ウェリントン・ニューヨーク・ロサンゼルス・シドニー

図⑤-1 「思考力・判断力・表現力」を測る試験問題の例

第 **7** 章

GIS 技能と地図表現技能，地理的な見方・考え方を涵養するのはどちら？

7-1　デスクトップ GIS ソフトウェアを利用した学習

　地理教育における GIS の導入については，1990 年代以降多くの議論がなされている。日本地理学会，日本地図学会，地理情報システム学会，日本地理教育学会などの関連学会において研究発表がなされ，シンポジウムなどもたびたび開催されている（佐藤 2014）。GIS が地理教育に登場してから，かなりの時間がたっていることもあり，多くの実践も行われている。2022 年からの高等学校学習指導要領のもとでスタートした必修科目「地理総合」では「ESD・国際理解」「防災・地域調査」「地図・GIS」の 3 つが大きな柱として位置づけられた。その中で「地図・GIS」は学習の最初に置かれている。まず「地図・GIS」を学び，「地理総合」はもちろん「地理探究」も含めて高等学校での地理学習全般で「地図・GIS」を活用して学ぶ，という狙いが読み取れる（大髙 2022）。

　地理の学習への GIS 導入について，初期の頃に提示された井田（2000）による「GIS は，資料を収集し，それを集計し表などに整理し，さらに計算・加工するといった分析を加え，その結果を地図化などで表現し，その表現に解釈・考察を加えるといった一連の作業をさすことから，生徒自身が GIS の一連の作業行うことによって地理的な見方・考え方が得られる」という教育的な意義は，今も魅力的である。

　さて，井田（2000）が述べている GIS として

は，近年 GIS 利用の学習の際に多く使われている Web GIS ではなく，いわゆるデスクトップ GIS ソフトウェアが念頭に置かれている。碓井（2012）では「高校生が GIS を操作しながら学習する授業形態」において，このデスクトップ GIS ソフトウェアを利用した授業形態は D 段階（GIS スキルレベル 4）という最上位に位置づけられている[1]。また，谷・斎藤（2019）によると，デスクトップ GIS の利用は少なく，特に「ArcGIS」や「QGIS」のような多機能・高機能なソフトウェアの利用実践は稀である。

　小林（2018）は，「地理総合」で「地図・GIS」を最初に学び，後々の地理の学習全般に活かすという狙いに関連して「地図・GIS」に関する技能は地理的な見方・考え方を涵養すると述べた。主題図作成というテーマで，紙の地形図（Topographic Map）利用の地図作業とコンピュータ上のデスクトップ GIS ソフトウェア利用の地図作業を比較した。その結果，紙地図の方が多くの生徒に平均的に地理的な見方・考え方が涵養されるが，デスクトップ GIS ソフトウェア利用では平均的には浅くはなるが一部の生徒へはより深く地理的な見方・考え方が涵養されるということを示し，GIS による地図利用の特性を明らかにした。

　本章では，デスクトップ GIS ソフトウェアを活用した授業の方法，評価，分析についてその後の実践を含めて整理する。具体的には，まず 7-2 では，授業がどのようなものかを示し，授業における地理的技能と地理的な見方・考え方について述べる。次に 7-3 では，この授業を経て生徒個々の

学習活動について，地理的技能と地理的な見方・考え方の評価の方法を示す。そして 7-4 では，この評価を分析し地理的技能と地理的な見方・考え方の関係を考察する。なお，使用するデスクトップ GIS ソフトウェアは ESRI ジャパン社による「小中高教育における GIS 利用支援プログラム」にて提供された「ArcGIS」を利用した。

7-2　地理的技能を習得し地理的な見方・考え方を涵養する授業

ここで紹介するのは，デスクトップ GIS ソフトウェアを利用した生徒による地図作成を行う授業の実践である。第 1 学年地理 A（2 単位）の生徒全員 320 名に対して [2)]，2020 年 10 月〜2021 年 2 月にコンピュータ教室における各クラス 10 時間の実習で GIS ソフトウェア「ArcGIS Desktop 10」の「ArcMap」[3)] を利用して「各自の興味関心がある地理的な事象についてテーマを決めて自由に地図（何枚でも可）を作り，そこから読み取れることを 2 分間で発表する。」という課題を設定した。

この地理 A は地理総合を先取りする形で実施されており，10 時間の学習は地理総合における「地図・GIS」のほか，内容的に防災（避難所分布や危険区域分布など）や，地域の課題（過疎過密少子高齢化など）なども含むことから「防災・地域調査」にも関わるものとしても位置づけられる。10 時間の内訳はソフトウェア操作方法の説明 4 時間，各自の作業 4 時間 [4)]，発表 2 時間である。つまり，この授業はデスクトップ GIS ソフトウェアを習得し地図を作成するという地理的技能を要求する学習と，作成した地図を読み取り発表するという地理的な見方・考え方を要求する学習という大きく 2 つの部分に分けられる。

まず，デスクトップ GIS ソフトウェアの一連の操作を地理的技能として整理してみる。各生徒が空間的にどのようなことに関心をもち GIS ソフトウェアでどのような地図を作成したいか，発表に際してどのような説明がしたいのか，そのためにはどのような地図を作りたいかという観点で，教授内容は決まる。まず「資料の収集」として各種データのダウンロード先（ESRI ジャパン，国土数値情報，国勢調査，基盤地図情報）とその方法を学ぶ。この後で，GIS ソフトウェアにて扱うためには，表計算ソフトウェアなどを用いてデータの整理などが必要になることもある。ここは「集計整理」に該当する部分であり，データは GIS ソフトウェアでの扱いが可能な書式に従っての整理が必要となる。この過程はデータクリーニングと呼ばれる作業であり，時には GIS 作業の大半を占めるぐらいの重要な部分になることもある。

次は，GIS ソフトウェアの操作となる。座標系設定方法，複数テーマの関係性を知るためのオーバーレイの方法，統計データの表示のために地図データと統計データのテーブル結合の方法，属性テーブル上での面積算出のためのジオメトリ演算方法，属性テーブル上での割合などの算出のためのフィールド演算方法，空間事象の位置関係を分析するためのバッファの作成方法などを行う。これらは「計算・加工・分析」に該当し，GIS ソフトウェアの操作の中でも難しい部分である。

続いて GIS ソフトウェアで図法設定方法，方位記号・縮尺記号・凡例・地図タイトルを含めたレイアウト設定方法，点・面・線などの色・形状・ラベルなどの表示方法などを学び地図を整えていく。これは「地図化表現」に当たる。

出来上がった地図から生徒は，「全体的な分布の傾向・立地理由・地域差」などだけでなく，「比較検討・因果探究（事象，スケール，変化）」などについての生徒は構造や傾向など読み取り，その要因などを考察していく。これは，地理的な見方・考え方と整合性をもつと考えられる。この考察の成果を発表形式授業で扱う（図 7-1）。

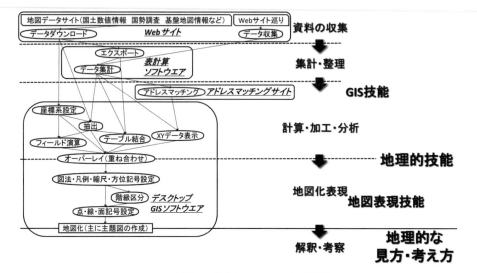

図7-1　授業での学習過程における地理的技能

7-3　地理的技能と地理的な見方・考え方と興味関心の評価

　高等学校では2023年から実施されている現行の学習指導要領下では，児童・生徒に必要な資質・能力が「知識・技能」「思考・判断・表現」「主体的に学習に取り組む態度」の3つの観点に整理された。そこで，この授業における評価を3観点に分けて示す。評価に際しては数値化を念頭におく。これは，数値化しておくことで適宜成績処理などに利用しやすいためである。

　数値化のプロセスについて示してみる。数値化のポイントはチェック項目を設定し，そのチェック項目ができていれば得点を与えて，これを合計する。評価のもとになるものは大きく2つである。1つは教員が行うもので，生徒の発表時に生徒個々に対して項目をチェックする。もう1つは生徒が，教員が用意したフォームへの入力記述を行い（図7-2），これらを教員が照合するものである。

　GISソフトウェアによる地図の作成は，地理的技能の学習となることから，「知識・技能」に該当する学習と考えることができる。また，発表に

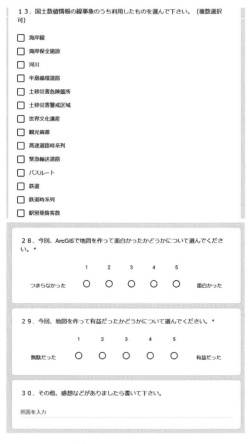

図7-2　生徒入力用フォームにおける設問例

ついては，「思考・判断・表現」に該当する学習と捉えることができる。フォームへの入力は生徒

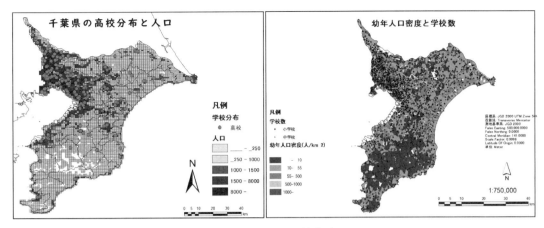

図7-3　地図作成例（生徒A）

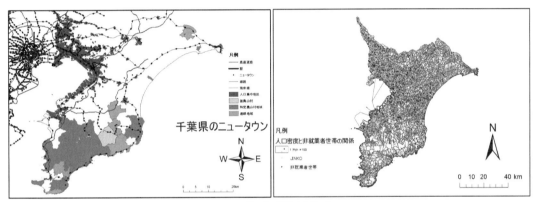

図7-4　地図作成例（生徒B）

自身にとって学習全体のふりかえりにもなり，地理的技能の確認や地理的思考の表現と学習になるほか，興味関心についての設問から，「主体的に学習に取り組む態度」も捉えることができる。

　これらについての具体的な評価方法は次の通りである。生徒が作成した地図（図7-3，図7-4）について教員側は，レイヤリング，地図アニメーション，縮尺変化，適切な階級区分，適切な色使い，適切な凡例説明，適切な記号の利用，地図として全体的デザイン，編集・加筆，適切な図法の10項目について，できていれば各1点を与える。

　生徒の自己評価では，「国土数値情報」や「政府統計の総合窓口（e-Stat）」などのサイトからのデータのダウンロード，ラベルや点・線・面事象の表示，空間分析，属性の結合，演算などによる属性の追加など，自ら行った作業をすべて挙げてもらい，それらを教員側が確認した上で，それぞれに0.5点を与える。一項目当たりの得点を0.5点にしたのは，評価項目が多いので他との評価項目とのバランスをとるために適切な得点と考えたからである。これらを合計して地理的技能の得点，すなわち3観点でいえば「知識・技能」の評価とする。

　発表内容については，地理的見方・考え方に基づきチェック項目として，①空間属性の扱い，②位置・分布，②場所，④地人相関，⑤空間的相互作用，⑥地域，⑦関連した記述，⑧その他特筆すべき事柄の8項目を設定する。教員側は，授業中の発表内容と生徒のフォームへの発表内容の記述入力について該当項目に各1点を与え（図

生徒A：①学校の位置と人口

まず、③千葉県南部は若い人がとても少なくそれに伴い小中学校も非常に少ない。しかし、②その中に混じって水色の場所、つまり少しだけ若い人が多いところにも学校がなくて、最近人口が増えたような場所にはまだ学校がないのかなと思った。また本題とは関係ないが、⑧南部の幼年人口が少ないところには小学校と中学校が隣接しているところが多く、なぜだろうと思った。次に、⑤北西部の幼年人口が多いところについて、しっかりと赤の場所にたくさんの学校があり、学校の数∝幼年人口になっているのだと分かり、少子高齢化によってそれが崩れているのかと思っていたが、そんなことはないのだと分かった。しかし⑥北西部でもまた、黄緑色の、水色よりも幼年人口が多いところも学校が少なく、新しい住宅街には学校が少ないのかなと思った。よって、⑦人口の減少には統合などで対応できるが、増加にはなかなか対応しにくいのかと思った。

生徒B：人口密度と非就業者世帯

まずは今回作った①地図だけで考察する。③人口密度と非就業者世帯で比べたが、人口密度が少ないところにはあまり非就業者世帯がないことが分かった。また、人口密度が多いところには、非就業者世帯の数が多くなっていた。⑤人口密度が高いから、いろいろな事情が抱えている人がいるのではないか、と思われる。次に、二学期に作った地図とも比べてみる。二学期作った地図は、②千葉県のニュータウンの数といろいろな地域についてだった。③人口密度が高い地域は、DID人口集中地区となっていた。また、人口密度が少なく、非就業者世帯も少ないところは、特定農山村市域が多かった。⑤その土地での産業(農業など)をしている人が多いから非就業者世帯の数も少なくなっているのかな、と思った。

図 7-5　生徒の発表内容とその評価（例）

生徒A
- GIS技能得点　9
  e-stat(国勢調査2015年小地域,メッシュ地域),国土数値情報(中学校,小学校,行政区域),GIS操作(点の塗り分け,点の形状,色を塗り分けて大小を表現,人口密度算出,幼年人口密度算出),GoogleEarth活用,タイトル, 凡例, 縮尺記号, 縮尺テキスト, 方位記号, 投影法(図法)
- 地図表現技能得点 11
  重ね合わせ・レイヤリング,動画地図・地図アニメーション,縮尺変化,適切な階級区分,適切な色使い,適切な凡例説明,適切な記号の利用,地図として全体的デザイン,編集・加筆,適切な図法,総合的表現
- 地理的な見方・考え方得点 14
  空間属性,位置・分布,場所,空間的相互作用,地域,関連した記述,その他
- 興味関心得点 12

生徒B
- GIS技能得点 13.5
  e-stat(国勢調査2015年小地域),国土数値情報(基本項目,海岸線,ニュータウン, 鉄道駅,海岸線,高速道路時系列,鉄道時系列,DID人口集中地区,過疎地域,振興山村,特定農山村地域),GIS操作(点の塗り分け,線の塗り分け,線の太さ,面の塗り分け,密度(ドット)を変えて表現,非就業者世帯と人口密度(ドット)を結合),タイトル, 凡例, 縮尺記号, 方位記号
- 地図表現技能得点　4
  重ね合わせ・レイヤリング,複数地図,適切な凡例説明,総合的表現
- 地理的な見方・考え方得点　8
  空間属性,位置・分布,場所,空間的相互作用
- 興味関心得点 12

図 7-6　GIS 技能と地図表現技能を分離した生徒の評価（例）

7-5)，これらを合計した得点を地理的な見方・考え方（3 観点でいえば「思考・判断・表現」）の評価とする。

　さらに，生徒のフォームへの入力項目においては「ArcGIS で地図を作って面白かったか」「地図を作って有益だったか」について，それぞれ 5 段階で回答してもらう。この得点に，「その他，感想」の記述について 3 段階で評価した得点を合計して，興味関心（3 観点でいえば「主体的に学習に取り組む態度」）の評価とする。図 7-3 および図 7-4 についての評価例が図 7-6 である。

7-4　地理的な見方・考え方を導くのは何か？

　GIS ソフトウェアを使った学習はその操作自体を目標としてしまいがちである。もちろんこれも重要ではあるが，それ以上の関心ごとは，「どのような思考力がついたか」である。地理なので，その思考力とは「地理的な思考力，すなわち地理的な見方・考え方がどのように身についたか」と考えることができる。吉田（2011）は地理的技能は地理的な見方・考え方を導き，そして次の地

図作成などのアイディアに基づいて地理的技能が働き，ここから地理的な見方・考え方が導き出されていく，と述べている。前述の井田（2000）のほか，秋本（2003）も GIS の空間解析法は地理的な見方・考え方と関連性が高いと述べている。この問いかけに対して，小林（2018）では「地図・GIS」に関する技能は地理的な見方・考え方を涵養することを示してきたが，あらためて 3 観点相互の関係を見てみよう。

　前述したように 3 観点はそれぞれ数値化されて評価されているので数的な処理を行うことが可能である。全生徒について評価した地図作成における地理的技能（「知識・技能」），発表及びフォームへの入力によって得られたと地理的な見方・考え方（「思考・判断・表現」），フォームへの入力によって得られたこの学習について興味関心（「主体的に学習に取り組む態度」）について，それぞれの間で相関係数を求めた（図 7-7 上）。地理的技能と地理的な見方・考え方との相関係数は 0.68 と高い関係を示したことから，この地図を作成する過程で地理的技能によって地理的な見方・考え方が涵養されているということが推察される。

　さて，ここで地理的技能に該当する部分について考えてみよう。「国土数値情報」や「政府統計の総合窓口（e-Stat）」などのサイトからデータをダウンロードすることや，ラベルや点・線・面事象を表示したこと，地図と属性を結合したことなどは，具体的に GIS ソフトウェアを操作したことである（GIS 技能）。一方，適切な図法・階級区分・色・記号などの設定やレイヤリングや縮尺などは，地図そのものを見やすくすることである（地図表現技能）。そこで「知識・技能」を，この GIS 技能と地図表現技能とに分け（図 7-1），地理的な見方・考え方（「思考・判断・表現」）や興味関心（「主体的に学習に取り組む態度」）との間で相関係数を求めた（図 7-7 下）。GIS 技能と地理的な見方・考え方との相関係数が 0.31 であるのに対して地図表現技能と地理的な見方・考え方との相

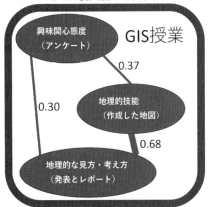

地理的技能の分離前

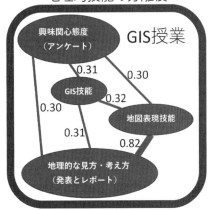

地理的技能の分離後

図 7-7　3 観点に関係する評価間の相関関係図

下図は地理的技能を GIS 技能と地図表現技能に分離。数字は相関係数。

関係数は 0.82 ときわめて高くなった。このことから，地理的な見方・考え方は GIS 技能に比べて地図表現技能との関係が強く認められる。

　図 7-6 に示したように，生徒 A の地理的技能の評価は GIS 技能得点と地図表現技能得点を合わせて 20 点であり，生徒 B は地理的技能の評価は GIS 技能得点と地図表現技能を合わせて 17.5 点である。両者の得点は，それほど変わらないが，GIS 技能と地図表現技能の内訳は異なっており，発表内容に対する評価は生徒 A が 14 点，生徒 B が 8 点と大きな差となっている。この様に，地図表現技法が地理的な見方・考え方に強く影響していることがわかる。

7-5　地図表現の重要性と期待

　GISの進展は，地図の価値を飛躍的に高めたといっても過言ではない。デスクトップGISを使った地図作成は地理学以外の諸分野でも空間に関する場面で数多く利用されている。GISが強く打ち出される一方，地図学が築いてきた成果が見過ごされがちになっている。

　たとえば，GISソフトウェアを使って地図作成を行う場合を考えてみよう。GISのソフトウェアを操作するなかで，何らかの地図が現われ，その地図をそのままで出来上がりとされるようなことも散見される。これでは，適切な地図表現をしていないため作成者は適切な読み取りができなかったり，仮に作成者が適切な読み取りをしてもこの地図を見た人はよくわからなかったりということにもなりかねない。

　地図を作り表現する力こそが思考力と密接な関係がある。学習についてもここにフォーカスすることは重要である。地図表現は試行錯誤を繰り返しつつ高めていくようなものであり，こうした過程はしばしば作業の大半を占めるなど地道な作業でもある。この作業は，一見非効率的に思われるが学習としての意義は大きい。

　2019年の閣議決定されたGIGAスクール構想は自動生徒向けの1人1台端末と高速大容量の通信ネットワークを整備することである。GIGAスクール構想はGISを地理教育にて活用する際の「インフラ」であり（大高 2022），COVID-19感染拡大によるGIGAスクール構想はさらに進展し地理教育におけるGISへの追い風となっている。地理総合では「地図・GIS」と括られているが，GISへの偏重も少なからず感じられる。そのため，小林（2022）が述べたように，ここでも高等学校の地理学習での地図表現技能の重要性を訴えたい（図7-8）。そして，GIS技能と地図表現技能が地理総合「地図・GIS」の両輪となって進展して

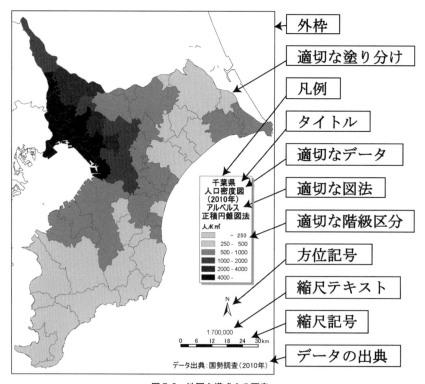

図7-8　地図を構成する要素

いくことを期待したい。　　　　　　　　（小林岳人）

注

1) 碓井（2012）は「高校生が GIS を操作しながら学習する授業形態」を次のような 4 段階に分けて示している。A 段階（GIS スキルレベル 1）は，既成の地図を「見る」という利用方法であり，これが B 段階（GIS スキルレベル 2）は簡単な操作をして主題図を「作成する」というような利用方法となる。そして，C 段階（GIS スキルレベル 3）ではダウンロードデータの利用であるが授業用 GIS データというようにデータクリーニングがされているようなデータを想定している。これが，D 段階（GIS スキルレベル 4）になると，データは各 GIS サイトということで，データをどのようにして GIS ソフトに取り込んでいくかということも含まれる。本授業実践ではこの GIS スキルレベル 4 の D 段階に該当するものと考えることができる。

2) 筆者の勤務校である千葉県立千葉高等学校の地理授業は旧課程では第 1 学年で地理 A（2 単位）必修（320 名），第 3 学年の文系で地理 B（5 単位）選択，理系で学校開設科目地理特講（2 単位）選択であり，毎年地理 B は 10 名ほど，地理特講は 150 名ほどが受講している。2023 年以降の教育課程では第 1 学年で地理総合（2 単位）必修，第 3 学年で文系理系とも地理探究（3 単位）が選択科目として置かれており，地理探究は多数の生徒（240 名程度）の履修が見込まれている。それぞれの授業のうち 1 単位はコンピュータ教室で実施しており，地理院地図などの Web GIS を含めて年間を通じて活用して授業を行っている。

3) ESRI ジャパン社による「小中高教育における GIS 利用支援プログラム」によって ArcGISPro を使用しており，現在は第 1 学年の地理総合の授業にて全生徒にアカウントを発行し，3 年間自宅でも利用可能である。

4) 授業で教える操作方法については前任の千葉県立松戸国際高等学校での実践での経験によってもたらされ，具体的には橋本（2011）を参考にした。

文献

秋本弘章 2003．地図学習．村山祐司編『21 世紀の地理―新しい地理教育』122-130．朝倉書店．

井田仁康 2000．意思決定を担う地理教育の学習構造．新地理 47-3・4：45-53．

碓井照子 2012．「地理基礎」必修化における地図 GIS の段階的学習．2012 年度日本地理学会春季学術大会発表要旨集 203．

大高　皇 2022．ICT を活用した地理教区の研究動向と地誌学習．新地理 70-3：45-59．

小林岳人 2018．地理的な見方・考え方を育成する地理の実践～主題図を作成する授業～．江口勇治監修編著『21 世紀の教育に求められる「社会的な見方・考え方」』124-133．帝国書院．

小林岳人 2022．地図・地理情報システム（GIS）の活用．社会科教育 753：26-27．

佐藤崇徳 2014．地理教育における GIS の意義と活用のあり方．新地理 61-1：1-16．

谷　謙二・斎藤　敦 2019．アンケート調査からみた全国の高等学校における GIS 利用の現状と課題．地理学評論 92-1：1-22．

橋本雄一編著 2011．『GIS と地理空間情報― ArcGIS10 とダウンロードデータの活用』古今書院．

吉田　剛 2011．社会科地理的分野における地理的見方・考え方と地理的技能の枠組み―内容知と方法知の視点から．新地理 59-2：13-16．

ICC 2019 Tokyo（国際地図学会議東京大会）ガラディナーにて

　ICC 2019 Tokyo（国際地図学会議東京大会）も盛大に進み会期もいよいよ終盤。私自身はICC2019実行委員会のオリエンテーリング担当だったので都立木場公園でイベントの運営を行い，口頭発表もした。これらを終えほっと一息，ということでガラ・ディナーへ行くことにした。国際的な著名な方ばかりの中，ただの高校地理教師にとっては場違いのところ，身の置き場に困りはて，うろうろしていると，「ここに座ったら！」ときさくに話しかけて下さる方がいた。私が「高校で地理を教えています。」と話すと「私も地理だよ。」と話されたのがチューリヒ工科大学のRenè Sieber 教授であった（写真⑥-1）。Atlas of Switzerland（スイス国勢地図帳）に携わっているとのこと。つたない私の英語にもかかわらず，いろいろと丁寧に話をしてくださった。今回，「オリエンテーリングイベントの担当をしました。」と言うと，オリエンテーリングについては，スイスは強国の1つでもあり国内でも盛んに行われているなどよくご存じであった。Sieber 教授はICCにはブダペストでの開催 以来 20 年以上参加しているとのことで，「ICA の重鎮たちはオリエンテーリング好きが多いねぇ。」などと話され，このようなたわいのない話にも乗っていただいた。そんな中で「日本では地図学と GIS の関係はどうなのか？」と尋ねられた。「日本では別々の学会（日本地図学会と地理情報システム学会）です。」と答えると，「スイスは違う。紙の Topographic Map，Web 上の Swisstopo，そして Atlas of Switzerland と，スイスでは地図学と GIS が手を取り合っているから，このような良いものができるのだ。」と。そして，「日本では地図学は地理学の中で教えるのか，そ

れとも独立しているのか。」と言われた。「地図は地理の中で教えます。しかし地理は選択科目であり，日本の高校生は半分ぐらいしか学んでいません。」と話すと怪訝そうな顔をされ，「スイスの高校では地理は必修で独立教科，地図は高校では地理の中で教える。地図学は独立した学問として扱われている。」と話された。「地理の授業ではどんなソフトを使って教えているのか。」と問われたので，「ArcGIS を使っています。」と答えると，「Esri は最近，地図表現にも力をいれているからとてもいいね。」と言われた。

　ICC の後，Sieber 教授はご夫婦で日本各地への旅行だそうだ。後に Sieber 教授は ICA の Commission on Atlas（地図帳委員会）の Chair（委員長）であることを知った。話の中身がとても濃い理由がよくわかった。この時の Sieber 教授とさせていただいた貴重なお話は，それ以来ずっと私の頭の中で響いて巡っている。"地図大国スイス"，"地図や地理に関するステータスの高さ"，こうした言葉でまとめただけでは前へ進まない。

（小林岳人）

写真⑥-1　Sieber 教授ご夫妻と筆者
2019 年 7 月 19 日，ICC 2019 Tokyo ガラ・ディナー（八芳園）会場にて撮影。

第 **8** 章

「地理総合」における地図と GIS を扱う授業と評価の進め方

8-1　導入年度の地理総合の実施状況

8-1-1　「『地理総合』中間まとめにかかわる調査」について

　本章では，まず「地理総合」の軸の 1 つである「地図と GIS の学習」について，アンケート調査をもとに導入年度の授業実態と今後の課題，それに対しての現状必要な支援を大観する。そして次に筆者の授業実践をもとに，紙地図と「地理院地図」を含む Web 地図の活用意義と活用方法，3 観点での評価と総括の意味と具体的な方法を示す。

　筆者は，導入単元「地図や地理情報システムと現代世界」を中心とした「地理総合」の実際の授業や評価の実施実態のおおよそを把握するために，第 25 期日本学術会議地理教育分科会地図／GIS 教育小委員会の協力を得て，2022（令和 4）年度 7 月から 9 月初旬にかけて，インターネットによるアンケート調査により「『地理総合』中間まとめにかかわる調査」を実施した。調査は，群馬県高等学校教育研究会地理部会，埼玉県高等学校社会科教育研究会地理部会，Slack の地理教育情報共有スペースの先生方などの協力で実施し，首都圏を中心とした 1 都 8 県[1] の 38 名の先生方から回答を得た。

8-1-2　授業の実態

　アンケートの回答者は，地理を専門とする教員が約 6 割，世界史を中心とした専門外の教員が約 4 割であった。従前から「地歴公民科には地

理教員が 2 割しかおらず，担当は専門外が多くなる」といわれてきたが，予想通りの結果となった（図 8-1）。

図 8-1　回答者の専門科目
アンケート調査により作成。

　続いて「導入単元」の授業の進捗では，約 7 割が 1 学期中に終了していた。ただし単元が終了しないか，変則的な実施だった教員が全体の 3 割以上も占めていた。これは，1 学期は学校行事が多く授業確保が難しいことと，どの教科書でも導入単元のボリュームが大きいことなどが背景と考えられる。

　回答者の基本的な授業スタイルでは，「スライドとワークシートを使った講義」が約 6 割，「板書とノートを中心とした講義」が約 2 割で，従

図 8-2　基本的な授業スタイル
アンケート調査により作成。

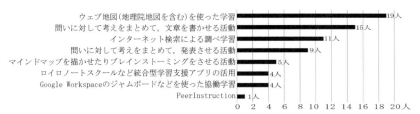

図 8-3　アクティブラーニングの実施内容（複数回答可）
アンケート調査により作成。Google Workspace は旧 G Suite のことである。

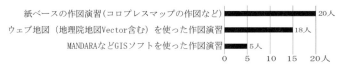

図 8-4　具体的な作図演習の方法（複数回答可）
アンケート調査により作成。

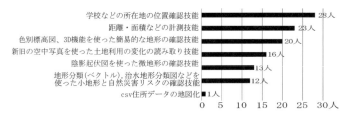

図 8-5　地理院地図の具体的な演習技能（複数回答可）
アンケート調査により作成。

来のオーソドックスな手法が中心だった（図8-2）。ただし実際の授業では，生徒の「主体的・対話的で深い学びの実現に向けた授業改善」の手法として，さまざまなアクティブラーニングに取組む者が 7 割弱を占めていた（図8-3）。

「地図と GIS の学習」で重視される作図演習では，「紙ベースの作図演習」を中心に，地理院地図など Web 地図の演習を組合せて実施あるいは実施予定とする者が約 8 割を占めていた（図8-4）。

高等学校学習指導要領（平成 30 年告示）解説でも汎用性のある Web 地図として扱われている「地理院地図」の演習は，9 割弱が実施していた。また，半数以上は，「学校等の位置の確認」「距離・面積の計測」「色別標高図，3 D 機能を使った簡易的な地形の確認」「新旧の空中写真を使った土地利用の変化の読み取り」など比較的平易な技能の演習を実施していた。ただし「陰影起伏図を使っ

た微地形の確認」「地形分類，治水分類図などを使った小地形と自然災害リスクの確認」の演習など，比較的時間のかかる演習の実施は少なかった（図8-5）。

この調査で，導入単元での「収穫」と感じたものを自由に記述してもらったところ，総じて単元目標である「地図と GIS の有用性を生徒に気づかせる」ことを，おおむね達成できたと考える回答が多かった。

8-1-3　3 観点での評価と総括の実態

科目新設と同時に導入された「3 観点での評価」の主な評価方法をみると，「知識・技能」については，89％が「定期テストの素点」だった（図8-6）。また「思考・判断・表現」については，75％が「定期テストの素点」，次いで 13％が「生徒の提出物の記述内容」であった（図8-7）。「主体的に学習に取り組む態度」については，45％

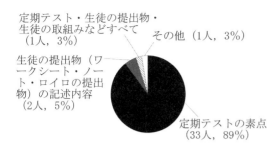

図 8-6　「知識・技能」の主な評価方法
アンケート調査により作成。

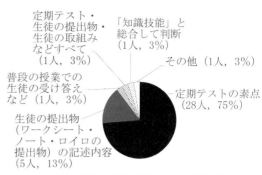

図 8-7　「思考・判断・表現」の主な評価方法
アンケート調査により作成。

図 8-8　「主体的態度」の主な評価方法
アンケート調査により作成。四捨五入の関係で合計は 100％にならない。

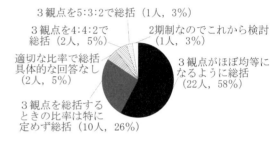

図 8-9　3 観点での評価の総括の方法
アンケート調査により作成。

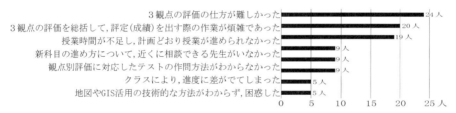

図 8-10　導入単元で「課題」と感じたもの
アンケート調査により作成。

が「生徒の提出物の記述内容」，24％が「授業での生徒の受け答えなど」，13％が「ふりかえりシートの記述内容」，10％が「定期テストの素点」と多様な評価方法が使用されていた（図 8-8）。

「3 観点での評価の総括方法」では，58％が「ほぼ均等になるように総括」との原則に沿った回答をしたが，3 分の 1 は，「3 観点を総括するときの比率は特に定めず総括」など原則から外れた回答であった（図 8-9）。この結果は，「3 観点での評価をほぼ均等になるよう総括する」との原則が

周知されていないことを示している。

8-1-4　「地理総合」の課題

「地理総合」の「課題」についての回答で特に多かったのは，「評価と進度」であった（図 8-10）。具体的には，評価とその総括の方法や，観点別評価に対応した定期考査の作問などへの，不安が大きいようであった。授業進度では，半数近くが導入単元を計画通りに進められなかったとの回答があった。また若干名は，地図や GIS 活用

の技術的な指導に対して不安と回答していた。

8-1-5 「地理総合」に対しての必要な支援

以上の結果から，今後，地理総合の指導と評価を充実させるためには，教員自身が指導と評価の方法について理解を深めていく必要がある。ただし調査結果をみると，各方面からのさまざまな支援が必要なものも多い。

専門外の教員が多い実態に対しては，都道府県の地理部会や教職課程を設置する大学が，地理を担当する可能のある教員や学生に，専門性や年齢等を問わず，例外なく「地図とGIS」の技能を軸とした地理総合をしっかり指導できる研修支援体制を整えるのが理想である。

教員の多くが授業進度を計画どおりに進められない現状に対しても，地理部会などが中心となって，扱う教科書のどこが「学習指導要領上必ず押さえなくてはいけない所か」を分析し，その結果を共有していく必要がある。

アクティブラーニング，作図，「地理院地図」の演習を実施していない者が一定数いる現状に対しても，地理部会などで，それらの意義と活用方法を改めて教員全体で共有することが重要である。

また3観点での評価に不安を抱える先生方が極めて多い現状に対しては，都道府県や地理部会などが中心となり，3観点での評価と総括についての原則を改めて共有することと，それに対応した作問研修などが実施されることが望ましい。

こうした支援の動きを作るためには，もちろん個々の教員自身が，所属している都道府県の地理部会などで，問題提起をしていく必要がある。

8-2 「地理総合」で求められる 紙地図とWeb地図の活用

8-2-1 紙地図とWeb地図を併用する意義

高等学校学習指導要領（平成30年告示）解説において「地理総合」は，地図やGISなどを用いて情報を収集し，読み取り，まとめる基礎的・基本的な技能を身に付ける学習活動を重視している。こうした基礎的・基本的な技能を身につけさせる上で必要なのが，「紙地図とWeb地図の併用」である。

GISではレイヤーの一瞬の切り替えで消えてしまう地図画像を，紙地図では丁寧に読図や考察をさせたり，作図演習に活用して「地図の表現上の工夫」を丁寧に考えさせたりすることができる。特に「地理総合」を学習する生徒の中には，高校で初めて地理とGISを学習する者も多いため，読図や作図のトレーニング場面では，紙地図を活用する意義が大きい。

ただし，「将来，持続可能な社会の建設に使えるツールとしてGISを使おう」との意識を生徒の中で育てていくためには，紙地図と同時に，GISに触れる機会を作る必要がある。しかし授業で扱うGISアプリは，端末のOSに関する問題や，学校での情報機器管理の問題から，デスクトップGISの導入が難しい都道府県が多い。前述した生徒の実態から，操作がなるべく平易である必要性を考えると，オンライン環境を前提としたWeb地図の活用が望ましい。

8-2-2 紙ベースによる作図演習の例

筆者の場合には，「地図の表現上の工夫」を考えさせるために，生徒に紙ベースで統計地図を作らせる授業を行った。生徒には，まず群馬県の市町村についての位置図と，老年人口率を降順で示した統計表をまとめたワークシートを配布した（図8-11）。そして統計表に3本の区切り線を書き込ませ，数値のグルーピングを行わせた。ここでは各グループの市町村の数をなるべく同数にするよう注意させた。そして，このグルーピングに基づいて凡例横の数値の描き込みと，各市町村の塗り分けを行わせた。

生徒の完成図は，Web上で動作する授業支援クラウド「ロイロノート・スクール」（以後，「ロ

イロノート」と記す）で，撮影画像と読図結果の
まとめカードを「提出箱」に提出させ，「回答共有」
の機能を使って他の生徒の地図も見られるように
して共有をはかった（図 8-12，図 8-13 左）。ま
た後日，別の Web ツールで「分かりやすい地図
にするために作図で工夫した所」を「ふりかえり
シート」に入力させ提出させた（図 8-13 右）。

　提出された画像や読図結果を見ると，生徒は地
図を境界値の設定やパターンの塗分けなど，分布の
偏りが際立つように工夫して作成していたようであ
る。また，「ふりかえりシート」の記述では，統計数
値の境界値の設定にあたって，市町村の数をなるべ
く均等にすることで客観的な数値の偏りが示せるこ
とや，パターンを全体的に均一に塗り分け，数値が
大きいところを濃い目に塗ることで，見やすい地図
になることなどに気付けていたようである。

8-2-3　Web 地図の授業活用の例

　一方，筆者は Web 地図については，「生徒に
GIS に慣れ親しんでもらう」という意図もあり，
「地理院地図」以外のものも，さまざまな学習場
面で使うように努めた。現在，Web 地図には，
国内外問わず授業活用できるものが複数あるの
で，そこから学習題材に関係したものを選び使用
した。選択肢は，筆者の個人サイト「地理屋に
できること GEOLINK」における地理関連リンク
（http://itcztt.geolink.jp/108.html）の「世界のウェ

ブサイト」と「日本のウェブサイト」で紹介して
いる。

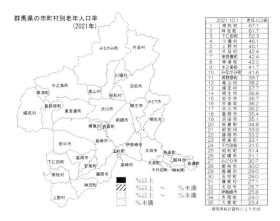

図 8-11　紙ベースの統計地図の作図

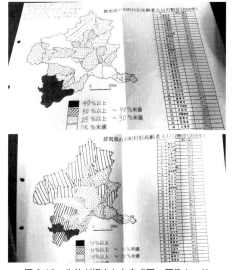

図 8-12　生徒が提出した完成図の画像カード

| ・高齢者人口が特に多いところが南部を中心に集合している。
・高齢者人口の割合20%~30%未満の所が多い。
・20%未満のところが大泉町と玉村町しかない。
・30%~40%未満は北部を中心に集合していた。 | 市町村で比べると市よりも村や町のほうが高齢化が進んでいる。高齢者の割合は北部や南部に集中している。(南部のほうが少し割合が高い)
前橋や高崎などは割と都会(群馬の中では)だから若い人が多く住んでいて高齢者の割合が低くなっている。 | 【思考3】授業では，「群馬県の市町村別の高齢者人口割合の地図」を作図しました。
　　　作業をする中で，あなたが分かりやすい地図にしていくために「注意した所」，「こだわった所」を書いてください。

※実際の生徒の回答
・注意したところは「~以上~未満」の分け方でこだわったところは印の付け方です。見た瞬間にどのような感じに分かれているのかが分かるようにT寧に色塗りをしました。
・高齢者人口割合が40%を超えている場所や割合が20%以下の場所などかなり多いところやかなり少ないところを目立たせることでこの地域の課題や特徴を人目で理解できるようにしました。 |
| 群馬県の南部(上野村や南牧村などに)に老年人口が多い。北部のほとんどが30%を超えていて老年人口が増えつつある。逆に栄えている高崎や伊勢崎，太田辺りは人口が多いが老年人口が4分の1以下で少ない。藤岡は真ん中辺りだったが神流町に近い日野や鬼石はほとんど山なので半分近くが高齢者になっていると思う。 | 南西の方が老年者人口寧が高い。(40%以上)
北の方は南西ほどではないが，高齢者が多い。(30%以上~40%未満)
中心部や，南東の方は高齢者が少ない。(25%以上~30%未満)
高崎市などの栄えているところとその周辺は高齢者があまりいない。(25%未満)
群馬票は25%以上~30%未満，30以上~40%未満の地域が多い。 | ・切りの良い数字で区切るようにした。他より大幅に高齢人口が多い地域を除いて同じくらいの数でまとまるようにした。模様は不揃いが出ないように気をつけた。
・割合の区分の間隔をだいたい等しくした。
・こだわった点は全部の部分の割合の数が同じくらいになるように気をつけたことです。それによってより見やすくなったと思います。 |

図 8-13　生徒が提出した読図まとめ（左）と「ふりかえりシート」（右）

例えば，デジタル地球儀などは，各地を衛星画像で俯瞰したり，360°パノラマ写真で地上の景観を探索したりするのに用いた。また，世界の生活と文化の考察，世界の自然環境や都市・農村の変容を考察するのに使用した（図 8-14）。

図 8-14　デジタル地球儀「Google Earth」
https://earth.google.com/web/

「earth:: 地球の風，天気，海の状況地図」という Web 地図は，世界の気候や大気の大循環，海流，環境問題など，さまざまな学習項目で使用した。この Web 地図では画面左下のメニューで「高度」を「地上」に設定すると，季節風や台風，梅雨前線といった日々の気象現象を考察できる。「高度」を「250pha」（約 10km 上空）にすれば，貿易風や偏西風の風向きを確認できる（図 8-15）。ここで気温，風速の計測機能を使えば，大気の状態をイメージしやすくなる。また「モード」を「海」，「動画」を「海流」，「レイヤー」を「海面水温」にすれば，南米やアフリカの東西の海面水温の差やその要因の海流などを見ることができる。また「モード」を「粒子状物質」にして，「レイヤー」を「PM2.5」にすれば，世界の PM2.5 のホットスポットを確認できる（図 8-16）。

世界の地域や国家間を結びつける航空交通の学習では，民間航空機のフライト情報がリアルタイムで追跡できる Web 地図も使用した（図 8-17）。

図 8-15　恒常風や PM2.5 のホットスポットを見ることが
できる「earth」 https://earth.nullschool.net/jp/

Web ブラウザ上で「earth」を開き，
日本や中国を表示させる。

↓

右下の「earth」をクリックしメニューを開く。

↓

メニューで「Mode」を「粒子状物質」，「動画」を
「風速」，「レイヤー」を「PM2.5」に設定。

↓

PM2.5 のホットスポットを確認する。

図 8-16　「earth」による PM2.5 のホットスポットの可視化方法
「earth」により作成。

この地図では，航空機の利用が経済力のある偏った地域で盛んに行われていることや，世界各地のハブ空港の実態がどうなっているのかということを生徒に考察させた。

さらに水上交通の学習では，世界の商船の位置や船舶情報をリアルタイムで確認できる Web 地図を使用した（図 8-18）。この地図では，航行する船を船種ごとに異なる色の矢印で，停泊中の船舶を丸で示しており，世界の中でコンテナ船やタンカーを盛んに利用している地域がどこなのか，国内の港湾周辺で商船がどのような動きをしてい

図 8-17　国際線のフライトを見ることができる
「Flightradar24」
https://www.flightradar24.com/

図 8-18　世界の水上交通を見ることができる「MarineTraffic」
https://www.marinetraffic.com/

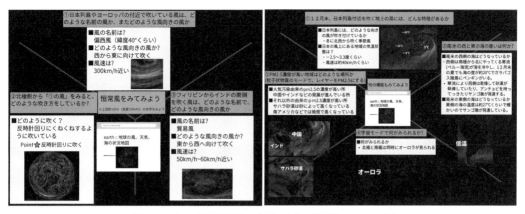

図 8-19 ウェブ地図を活用した際の生徒の情報整理シートの例
2022 年 12 月末に気候分野のふりかえり学習で使用。「earth」の画像を用いた部分は著作権の関係から仮の画像を使用。

るのかなどを考察させた。

筆者は，以上のような Web 地図を授業で活用した時には，地図からの情報収集と読図をする「技能」と，自分で考え情報を整理する「思考」に関わる活動を必須とした。具体的には，「ロイロノート」で，すぐに Web 地図サイトにアクセスできる Web カードを組み込んだ「作業シート」を生徒に配り，Web 地図を見ながらシートの書き込みをさせ，それを「ロイロノート」の「提出箱」に提出させた（図 8-19）。生徒のまとめは，さまざまであるが，Web 地図自体は操作が容易なため，大半の生徒が問題なく作業を行えていた。なお，筆者の場合は，この作業で「ロイロノート」を活用したが，紙ベースのワークシートを使うことも可能である。

8-3 「地理院地図」で扱う基本技能の焦点化

8-3-1 「地理院地図」で扱う基本技能を絞る

冒頭のアンケート調査の結果では，大半の回答者が「地理院地図」の演習を実施していた。しかし演習内容では，平易な技能を少しだけ実施するというケースが多かった。ただ「地理総合」では，後半単元の「生活圏の防災や諸課題」の学習で，「少し煩雑な地理院地図の技能」も必要となってくる。

また共通テストでも，「地理院地図」の陰影起伏図，地形分類のモードをイメージした作問が多数見られる。筆者は，多少「煩雑な技能」であっても，導入単元でしっかり演習する方が望ましいと考える。

「地理院地図」は多機能のため，授業の時間ですべてを扱うことは難しい。したがって演習にあたっては，何が「基礎的・基本的な技能」となるのかを，あらかじめ焦点化することが重要である。

後半単元での自然環境と生活文化，生活圏の諸課題などの学習項目への活用を前提とした場合，演習は以下の 7 つの基本技能に絞り行うとよいと考えられる。

①学校など特定地点を，地名検索，スケールレベルや位置を調整しながら見つけ，その地理的位置を説明する技能

②等高線が表示されるスケールレベルで，等高線や地図記号を読み取り，地域周辺の大まかな特色を読み取り，まとめる技能

③任意の地点間や地域の距離や面積を計測する技能

④色別標高図や 3D 機能で，より広範囲の地域の大まかな地形起伏を読み取り，まとめる技能

⑤陰影起伏図で，地域周辺の微細な地形特色を読み取りまとめる技能

⑥「土地の成り立ち・土地利用」の「地形分類」で，

図 8-20　地理院地図演習の際の生徒の情報整理シートの例
地理院地図の演習で生徒が作成したものに加筆・修正して作成。

特定地域の小地形と地形履歴，自然災害リスクなどを確認し，まとめる技能

⑦「年代別の写真」の所で，新旧空中写真を並列表示して，そこから学校周辺の土地利用の変化を読み取り，まとめる技能

なお⑥の「地形分類」については，小地形と自然災害リスクの一般的な相関を確認するのみで，その理由や実際の自然災害リスクの学習は，地形や防災の学習で扱うため，導入単元で踏み込まない方法もある。

8-3-2　「地理院地図」の演習授業の例

筆者の場合，「地理院地図」の演習を，「地理総合」後半の生活圏の諸課題の学習との連続性も考え，「学校周辺地域を調べよう」とのテーマで行った。演習内容は前述した 7 つの基本技能を中心に構成した。演習の中で生徒には，地図を読み取った結果を「ロイロノート」の情報整理シートにまとめさせ，「提出箱」に提出させた。最初，生徒は「地理院地図」の機能の多さに戸惑っていたものの，扱う技能が焦点化されていたことや，生徒が地図を見る位置と範囲をその都度丁寧に指示していたことで，情報整理シートへのまとめは問題

なく取り組めていた（図 8-20）。

8-4　新学習指導要領の目指す 3 観点評価による指導と評価の一体化

高等学校学習指導要領（平成 30 年告示）では，育てたい生徒の資質として「知識及び技能」「思考力・判断力・表現力」「学びに向かう力，人間性等」の 3 つの柱を定めている。これらに対応して定められた学習の評価規準が，「知識・技能」「思考・判断・表現」「主体的に学習に取り組む態度」の 3 観点である。

従来の学習評価では，生徒の「知識と技能」のみをペーパーテストの素点で評価する方法が多かった。しかし，その方法は必ずしも，生徒のバランスのとれた資質・能力の習得と，それを担保する教師の指導の改善にはつながっていなかった。そこで評価を 3 観点ごとに明確に分け，教員の指導の改善にも活用しやすいようにしようと導入されたのが，今回の「3 観点での評価」であった。

「知識・技能」では，生徒が知識・技能と，知識の概念的な理解ができているかを評価する。主な評価方法には，ペーパーテストや CBT [2] など

がある。

「思考・判断・表現」では，生徒が知識の概念を使い,学習の中の「問い」に対して自分の思考・判断を働かせ，文章や地図などに表現して，発表する力が適切を身に付けているかを評価する。主な評価方法には，ペーパーテストや CBT，提出物の記述内容，地図を含む作品や文章の作成，発表活動などがある。

「主体的に学習に取り組む態度」では，調整力を働かせて粘り強く学ぼうとしているか，学習成果を今後の自分の学習や生活に役立てていこうとの変容が生まれたのかを評価する。主な評価方法には，提出物の記述内容，授業中の発言，学習後の「ふりかえりシート」などがある。

これらの中で，「思考・判断・表現」や「主体的に学習する態度」は,評価する際の数値化が難しい。しかし，これまで評定に反映されなかった部分をフォローできる機会でもあり，教員は，周辺とよくコミュニケーションをとって，公正さと客観性を考えて基準をつくり，評価する必要がある。

なお評価は，あくまでも 3 観点の力を育てていくことが目的である。そのため評価としては，評定をつける形での「総括的評価」だけではなく，学習活動の途中で，生徒の提出物の記述内容や机間巡視の様子を観察するなどをして，3 観点の到達度を見取る「形成的評価」も大切である。この評価は評定には反映されないものの，これに基づいて生徒に適切な助言をしたり，指導方法を修正したりして，その上で単元末，学期末，学年末などに「総括的評価」としての評定をつけることになる。

8-5　地図と GIS の学習活動での評価

8-5-1　「知識・技能」の総括的評価の例

「地理総合」のうち「地図と GIS」に関わる学習項目に関しては，知識・技能の「技能」のみを評価すればよいのではと誤解されることが多い。

しかし「地図と GIS」は，もともと 3 観点に関わる力のすべてを生徒から引き出すために，科目の軸として想定されたものであり，3 観点それぞれの評価は必須である。さまざまな方法があるが，総括的評価と形成的評価に分けて，筆者の方法を紹介したい。

筆者の場合，「知識・技能」の総括的評価では，毎回の定期考査の約 50 点分を知識・技能問題として作問し，評価に使用している。定期考査では毎回，地図あるいは GIS の学習活動に関わる出題をし，評価材料にしている。例えば導入単元では，地図や GIS についての基本的な知識や技能，イメージ（経度・緯度，重要度の高い経緯線，略地図，さまざまな地図投影法と統計地図に関わるもの）の確認問題，絶対分布図と相対分布図など統計地図の適切な手法の選択を問う問題，授業の中で行った略地図や統計地図の作図や Web 地図演習に関わる知識・技能の確認問題，作業・操作手順の確認問題などを出題した。基本的な知識や技能の定着を試す問題も入れつつ，問題によっては初出の地図やシチュエーションをなるべく多くして，知識や技能の生徒への定着を確認できる工夫をした（図 8-21）。

8-5-2　「思考・判断・表現」の総括的評価の例

「思考・判断・表現」の総括的評価に関して，前述したアンケート調査の結果では，多くの先生方が定期考査に重点を置いていた。しかし，筆者は定期考査の素点約 50 点分と（図 8-22），定期考査後にインターネットで提出させた「ふりかえりシート」，さらに「ロイロノート」のアクティビティで生徒に提出させた複数の情報整理シートの 3 つを評価材料に使用した。筆者の場合，普段の授業での「思考の成果」を重視すべきとの思いがあるため，定期考査以外の評価方法の得点比率をより大きく扱った。

定期考査の問題では，地図や GIS の知識・技能やその概念的理解を試す問題，授業で学習した地

■地図やＧＩＳにかかわる基本的な知識・技能の確認問題

問1　地球儀で，東京から見た東西方向の地域を調べる場合，最も適当な方法を①〜④から選べ。

問2　図中の（1）〜（6）の主な経緯線の名称を述べよ。

問3　短文中のカッコに入れるのに適当な語を述べよ。

　統計地図には様々なタイプがある。まず地域ごとの比率や密度などの（1）を，色彩・模様などのパターンで区別して表現する地図が（2）である。また地域ごとの数や量などの（3）を，棒の長さ，円の面積，球・立方体の体積で表現した地図が（4）である。また，モノや人の移動の経路と移動量を同時に図示する地図が（5）である。さらに一定の数量や分布を点で示し，それが存在する地区の真上に打った地図が（6）である。また，等しい数値の地点を線で結んだ地図を（7）という。さらに地表面に方眼線をかけ，各方眼の区域ごとの土地の情報を表示した地図が（8）である。

■ウェブ地図の操作内容とその目的の対応関係を問う問題

問1　ウェブ地図Earthを使って世界の自然環境を考察する手順をまとめた次の短文中の空欄に入れるのに適当な語を選択肢から選べ。

　Earthの高度を（1）hPaに設定したときの画面は左下のようなイメージとなる。図のAの付近を（2）の速度で吹くのは（3），Bの付近を（4）の速度で吹くのは（5）である。一方，高度を（6）に設定した2022年のクリスマスの頃の画面は右下のようなイメージである。日本列島のところにある複数の黒線は，（7）を示す。

①偏西風　②貿易風　③季節風　④地上　⑤自動車並み　⑥２５０
⑦新幹線並み　⑧ＰＭ２．５

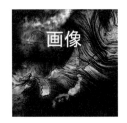

問2　地理院地図で，次の（1）〜（4）の操作をして学校周辺考察したときに，どのようなことが分かるか。適当な語を選択肢から選びなさい。
（1）陰影起伏図で学校の周辺地域をみる。（2）「地形分類」を表示する。
（3）新旧の空中写真を表示させる。（4）「ツール」で3D機能を使う。
　①学校周辺の土地利用の変化が分かる。
　②通学ルートの距離や，学校の敷地の外周が分かる。
　③学校周辺の小地形と，自然災害リスクが分かる。
　④学校周辺の自然堤防などの微高地の地形や，古墳が確認できる。

図8-21　知識問題の作問例
「earth」の画像を用いた部分は著作権の関係から仮の画像を使用。

図やWeb地図の活用法を初出の地域で援用する力を試す問題を出題するように努めた。また「ふりかえりシート」では，特に生徒にきちんと理解してほしいと考える学習内容について書かせ，「簡潔かつ分かりやすく，具体的に文章にまとめているか」を基準に点数化した。実際の質問項目と生徒の回答内容の例は表8-1のようなものである。記述内容からは，生徒が表現を工夫してまとめようとした様子が読み取れた。

　「ロイロノート」のアクティビティで生徒に提出させた情報整理シートを評価する際には，アクティビティの趣旨をしっかりとらえ，「簡潔かつ分かりやすいまとめ」になっているかを基準に点数化した。

8-5-3　「主体的に学習に取り組む態度」の総括的評価の例

　「主体的に学習に取り組む態度」での総括的評価の主な評価方法では，筆者は，授業でノート代わりに使っているワークシートの記述内容や，長期休業中の課題などの提出状況や取り組みを点数化し，生徒が「調整力を働かせながら粘り強く学習に取り組む姿勢が育成されたか」に注目した。また「ロイロノート」とは別のWebツールで提出させた「ふりかえりシート」の記述内容が，「具体的で，学習成果を踏まえた内容になっているか」を基準に点数化した。そして，「学習成果を，後の学習や自分の生活に生かそうとの態度の変容がみられたのか」を見取った。生徒の「ふりかえり

■地図やＧＩＳの知識・技能の概念的理解を試す問題
問１　下の４つの統計地図から，表現方法が正しいものを選べ。

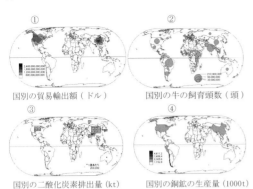

国別の貿易輸出額（ドル）　　国別の牛の飼育頭数（頭）

国別の二酸化炭素排出量（kt）　国別の銅鉱の生産量（1000t）

問２　二つの地図をみて、（1）〜（3）の都市を図中から選べ。
　（1）東京からほぼ１万キロ離れている都市
　（2）東京の西南西にある都市
　（3）東京の東にあるもっとも距離が近い都市。

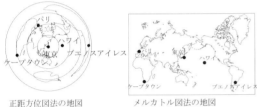

正距方位図法の地図　　　メルカトル図法の地図

■地図やウェブ地図の活用法を他の地域で援用する力を試す問題
問１　地理院地図で，図１のズームレベルで沼田駅付近を表示させた場合，読み取れることとして最も不適切なものを選びなさい。
①沼田駅北東に高等学校がある。　②北側の河川に沿って，畑地が広がる。
③沼田駅の東に市役所がある。　④沼田駅の東には，住宅密集地が広がる。
問２　図２は，左が2007年，右が1978年頃の空中写真である。二つを読み取った結果として，不適切なものを選択肢から選べ。
①かつて田畑だったところには野球場がつくられた。
②一枚一枚の田畑の形は，長方形のものが増えた。
③空中写真の東を流れる川の橋がなかったところに，橋がかけられた。
④田畑だった場所で，住宅が建てられた所がある。

問３　「重ねるハザードマップ」で沼田駅周辺地域を表示させた図をみて，最も適切なものを選択肢から選びなさい。
①洪水浸水想定区域は，河岸段丘の段丘崖に集中し，林地になっている。
②土砂災害危険区域は，河岸段丘の下位段丘面に集中し，水田になっている。
③指定緊急避難場所は，建物が密集する河岸段丘の上位段丘面にある。
④沼田駅は，洪水と土砂災害の危険度いずれも低い。

洪水浸水想定区域（最大）　土砂災害危険区域　指定緊急避難場所

図 8-22　思考問題の作問例
「地理院地図」および「重ねるハザードマップ」を用いて作成した実際の定期考査を加筆・修正。

シート」の記述内容の例を表 8-2 に示す。

8-5-4　地図と GIS の学習活動での形成的評価の例

　地図と GIS の学習活動ではもともと，技能面で生徒がつまずきやすい場面が多い。そのため教員は努めて形成的評価を意識的に行い，生徒への指導内容の修正・調整を柔軟にしていく必要がある。次に，筆者が行っている３観点の形成的評価の方法に触れたい。

　まず筆者は，「知識・技能」では，机間巡視や生徒への個別の質問によって，生徒が地図に関わる知識や Web 地図などの操作技能を理解しているかを評価している。そこで理解が不足していた生徒には，助言を行った。また生徒の提出したワークシートや課題の記述内容から理解度を確認し，理解不足が認められた生徒には，それらにコメントや助言を書き込んで返却した。定期考査の知識問題では，採点時に小問ごとの回答率を出し，考査後に全体へ向けて回答率の低い設問に関する確認の時間を取った。

　「思考・判断・表現」では，「ロイロノート」で生徒が提出したシートや，インターネットを介した提出物の記述内容から，生徒が知識を概念化して具体的で論理的な文章を書けているのかを確認した。そこで特に理解が不足していると考えた生徒には，「分かりやすく，具体的にまとめて」と助言して再提出させた。定期考査の思考問題では，

表 8-1　「思考」ふりかえりの記述内容

	【思考1】授業では、身の回りには、「正確な地図」と「不正確な地図」があり、それぞれ一長一短があることを学習しました。このうち「鉄道路線図のような距離や方位が不正確な地図」の長所と短所について、簡潔に文章にまとめてください。	【思考2】続いて、「ハザードマップのような距離や方位が正確な地図」の長所と短所についても、簡潔に文章にまとめてください。	【思考3】授業では、地理院地図の様々な操作技能を体験しました。紙の「地形図」と比べて、ウェブGISの「地理院地図」がすぐれていると考える点を、簡潔に文章にまとめてください。
1	長所は駅名と路線しか書いておらずどの電車に乗れば自分おいきたい場所に行けるのかがすぐわかる。短所は駅と駅との距離が確認できない。	長所は、細かい学校の名前や建物の場所の名前が書いてあってより具体的なことがわかる点。短所、逆に細かすぎて見づらくなってしまっている点。	今と昔との比較が空中写真で出来たり距離を測るのが簡単であったりする点がすぐれている。
2	長所は色とりどりで大まかに書かれていて見やすい。一目で分かる点。短所は、地図を見ただけでは細かいところまで分からない点。	長所は、距離や方位が正確だから、実際に地図を使って目的地に辿り着くことができる。短所は細かすぎて見づらい。パッと見では分からない点。	土地の成り立ちや地形分類などが分かり、災害に備えることができる点。
3	長所としては最短ルートがわかったり、乗り換えが必要な鉄道と乗り換えがいらない鉄道を見て分かるから便利なところ。短所は距離がわからないので待ち合わせ時間に間に合うかなどの計算ができないところ。	長所は被害の度合いなどに色分けがしてあり見分けしやすい。短所は想定以上の自然災害が起きたときにその色分けが正確ではなくなってしまうこと。	立体的に見れたり、地形を比べられたり、距離を調べられたりなど、紙の地形図では困難なことができる。また災害リスクなどタップしたところで分かるのも優れている。
4	長所は地図が必要な情報しか乗っていないので見やすいところ。短所は距離や方位の感覚のない人がみたらわかりにくい点。	ハザードマップは被害の度合いや地震の震度などに応じて地図が色分けされているため、必要な情報が把握しやすいのが長所で、想定を超えた雨が降った場合などには被害を受けやすい範囲があることが短所。	紙は拡大したりして見たいところをアップにして見れなかったり、全部の地域が見れるわけじゃないけど、ウェブの地理院地図は見たいところをどこでも見れたり昔の土地との変化を写真で比較できたりどんな地形の種類なのか、その土地の自然災害のリスクなどがすべて見れるのが優れていると思いました。

単元「地図や地理情報システムで捉える現代世界」の学習後，生徒に記述させたもの。

採点時に小問ごとの回答率を出して理解の度合いを確認し，回答率が低い設問は，考査後全体に向けてその箇所の確認の時間を取った。

「主体的に学習に取り組む態度」では，授業のワークシート，課題の提出状況や記述内容から，生徒が調整力を働かせて粘り強く学習に取り組んでいるかを確認した。そこで，特に提出状況や記述内容が不十分な生徒には，声掛けをして提出を促した。また提出された「ふりかえりシート」の記述から，生徒が「地図や GIS を，今後の学習や実生活で役立てていこうとの意識に変容したのか」を見取った。そこで変容がみられなかった生徒がいるクラスでは，その後の授業の中で，地図と GIS の意義に関わる学習内容を厚くしたり，地域素材を使った活動を増やしたりして意識づけを行った。

8-5-5　3観点での評価の総括の例

以上のように3観点での評価は，形成的評価と総括的評価の両輪で進めていくものであるが，最終的には，3観点それぞれの総括的評価を，各学校の基準に則って，学期末，年度末などに総括して「評定」を出すことになる。もちろん総括の際には，学習指導要領の趣旨に基づいて3観点それぞれの評価がほぼ均等になるようにするのが大前提である。

筆者の勤務校では，評価場面でまず3観点のそれぞれを 100 点満点換算で得点化して，その得

表 8-2　「主体的態度」ふりかえりの記述内容

	【主体的態度1】より正確で、情報が最新であるデジタル地図が役立てるのかなという場面については、具体的にどのような場面があると思いますか。あなたの考えを文章にまとめなさい。	【主体的態度2】授業では、メルカトル、正距方位図法、正積図法など様々な図法について一長一短があることを学習しましたが、今後あなたが地図帳の地図などを活用していく時に注意しようと考えるものは、どのようなことだと考えますか。具体的に書きなさい。	【主体的態度3】今後、あなたが地域調べなどで「地理院地図」を使って学校周辺を調べる場合、どのようなことを調べたいと思いますか。あなたのアイデアを書いてください。
1	目的地までの距離や時間が正確なので他人に説明するときに伝えやすい	それぞれの図法の長所や短所を理解してそれぞれの良さを生かして自分の知識として取り入れて生きたいと思いました。	学校の近くの山の高さや学校の外周の距離。
2	道に迷ったときやカーナビゲーションを使うときにわかりやすいと思う	面積などを調べるときは正積図法を使っていきたいと思います	家から学校までの距離やそこまでつくのにある災害のリスク
3	初めて行くところを行く時にアナログの地図だと道が違ったり、迷ってしまったりしそうかもしれないから、旅行に行くときなどはデジタルが役立てると思う。	習った図法はそれぞれ長所と短所があるので用途に合わせて使い分けていきたいと思った。国の正しい面積などを知りたいときはグード図法を活用していきたい。	どのような施設がどのへんにあるかや今利用されているところがどのようなところだったのかを調べたい。
4	災害などが起こったとき。情報が最新でないと、災害が起きたとき、道が塞がれているなどの情報がすぐに手に入らず、救助が遅れる原因にもなってしまう	角度・位置などが正確だったりする地図もあれば、全然正確ではない地図もあり、用途によって使う地図を変えることが大切だと思いました。	藤中から家まで、どの通学路が一番早く着くかを調べたいです。
5	古くて曖昧な地図だと新しく道が造られたり高速道路が開通したりした場合、効率が悪くなってしまうので目的地に正確に早く行きたい人、特に運送業の人に役立つと思う。	地図には角度や方向、距離が正確だというメリットもあるが、高緯度ほど歪んだり地形が歪になったりするデメリットがあるから使う場面によって適した地図を選ぶ必要があること。	学校周辺の土地利用の変化をもっと見たいので新旧の空中写真を比較したいです。

単元「地図や地理情報システムで捉える現代世界」の学習後，生徒に記述させたもの。

点に基づいてＡＢＣで「評価」を付ける。さらにそれらの数値を,「知識・技能」を 35 点満点,「思考・判断・表現」を 35 点満点,「主体的に学習に取り組む態度」を 30 点満点として合計し，100 点満点での数値により 1 ～ 5 の「評定」を付けることになっている。正直，この作業は表計算ソフトなどを使わないと煩雑になるが，最終的に出された個々の生徒の「評定」を見ると，生徒の頑張りの度合いを表す妥当なものになっていると思われる。

　以上のように「地理総合」の実施には，さまざまな課題があり，それに対しては地理部会などの組織からの支援と，教員個人の努力の積み重ねの双方が必要である。それらの課題を 1 つずつ取り組んでいくことで，「地理総合」の指導はより充実したものになると考える。　　　（田中隆志）

注
1）回答者は群馬県，茨城県，神奈川県，埼玉県，東京都，宮城県，兵庫県，千葉県，鳥取県の教員である。
2）CBT（Computer Based Testing）はコンピュータを使った試験方式のことである。

第**9**章

大学教職科目で培う GIS の考え方，技能，評価方法

9-1　学習指導要領における GIS の位置づけと学校の ICT 環境

　2022 年度より必履修科目である「地理総合」が高等学校において実施となり，すべての高校生が GIS を活用した空間認識をについて学習することになった。同時に「地理総合」を担当する教員が GIS を活用した地理授業の見方・考え方や指導方法を身に付けることが必要となった。そこで，この章では大学の教職科目において GIS の考え方，技能，評価方法などを培うことについて考える。

　日本では 1995 年 1 月 17 日に発生した阪神淡路大震災において GIS の有効性が広く認識されたことをきっかけに，政府で地理空間情報の整備が始まり，GIS 活用の取組も進められた。また，2007 年に地理空間情報活用推進基本法が施行され，これに基づき，2008 年 4 月に，地理空間情報活用推進基本計画が閣議決定された。さらに，2011 年 3 月 11 日に発生した東日本大震災からの復興と今後の災害への備えとして，地理空間情報の活用が注目された。

　GIS について，1999 年の高等学校学習指導要領では，地理歴史科「地理 B」の解説部分に記載が限られていた。ここでは世界の諸課題を地図化するに当たって，関心を持たせる方法の 1 つとして GIS の活用が促されている。その後，GIS 活用については，2009 年の高等学校学習指導要領地理歴史科「地理 A」および「地理 B」の本文，

2010 年の高等学校学習指導要領地理歴史科「地理 A」および「地理 B」の解説に記載されている。これらには地理的認識，地理的技能，ICT に関する資質や能力など GIS 活用の有効性が示されている。

　最も新しい高等学校学習指導要領（平成 30 年告示）では，「地理総合」の目標の中に「地図や地理情報システムなどを用いて，調査や諸資料から地理に関する様々な情報を適切かつ効果的に調べまとめる技能を身に付けるようにする。」と示され，3 つの大項目の 1 つに「地図や地理情報システムで捉える現代世界」が位置づけられている。また，高等学校学習指導要領（平成 30 年告示）解説 地理歴史編では，地域に関する情報の収集や処理などの地理的技能について，「コンピュータは地理情報システム（GIS）などから得られる地理情報を地図化したり，グラフ化したりするなどの処理に不可欠のものである。」と示されている。さらに，地図サイトや統計サイトの具体的事例として，「地域経済分析システム（RESAS）」，「政府統計の総合窓口（e-Stat）」，「地理院地図」が明示されている。これらの具体的な地図サイトや統計サイトは，中学校学習指導要領（平成 29 年告示）解説社会編においても同様の記述がある。また，「地理総合」の教科書において，具体的な GIS の取扱いとしては，上記に加えて「赤色立体地図」「jSTAT MAP」「今昔マップ」「Google マップ」「MANDARA」などの活用が記述されている。

　2019 年 12 月に GIGA（Global and Innovation Gateway for All）スクール構想の予算案が閣議決

定され，さらに 2020 年度以降の新型コロナウイルスの感染拡大の影響で，学校の休講措置がありオンライン授業の実施が必要となった。これらによって「GIGA スクール構想」は加速し，小中学校では児童生徒 1 人 1 台端末と，高速大容量の通信ネットワークの環境が整備された。GIGA スクール構想の予算措置の対象とならなかった高等学校においても，各教室で Wi-Fi が整備され，1 人 1 台端末の環境整備が進んだ。このような状況で，「地理総合」の授業において GIS を活用することが容易となった。端末の OS が Windows OS 以外に Chrome OS も多いことなどから，各端末に GIS ソフトをインストールするのは困難である。そのため，生徒一人一人が同じ環境で GIS を活用するために，OS の種類と関係なく，Web ブラウザ上で動作する「地理院地図」などの Web GIS を取り入れることが適当であると考えられる。

9-2　大学の教職課程で修得する GIS の知識・技能と指導法

9-2-1　大学の教職課程の現状と課題

　教育職員免許法施行規則（令和 3 年改正）第 5 条[1] では，高等学校教諭の普通免許状の授与には，「教科及び教職に関する科目」の単位の修得が必要とされている。「教科及び教職に関する科目」には，「教科及び教科の指導法に関する科目」「教育の基礎的理解に関する科目」「道徳，総合的な学習の時間等の指導法及び生徒指導，教育相談等に関する科目」「教育実践に関する科目」「大学が独自に設定する科目」が含まれている。それらの科目の中で，高等学校教諭普通免許状の地理歴史の教員免許取得の際に，「教科及び教科の指導法に関する科目」の中の「地理学概論」「人文地理学」「社会・地歴科教育法」などの授業において GIS を活用した指導法や評価の方法を身に付けることが必要である。

　しかし，大学の教職課程において，「社会・地歴科教育法」の授業について，地理学を専門とする教員が担当しているとは限らない。その場合は，学科等の専攻科目である「地理学概論」および「人文地理学」などにおいて GIS に関する授業が実施されることが望ましい。各大学においても各学生の 1 人 1 台端末と教室の Wi-Fi 環境の整備された状況の下で，授業において GIS を活用した実習も可能である。

　高等学校に地理歴史・公民の教員として勤務する場合，教員採用試験は地理，歴史，公民の枠組みで採用している場合も多く，また，教員自身もそれぞれの専門性をもって勤務する。しかし学校現場では，歴史や公民を専門とする教員が「地理総合」を担当する場合も多くあり得る。このことからも，大学の教職課程で GIS の基本的な考え方や活用方法を修得することは重要である。

9-2-2　GIS の知識・技能

　GIS とはコンピュータ上のデジタル地図に位置や空間に関する情報を統合した技術である。具体的には地形や行政界などの基盤となる地図に，道路や鉄道などの空間情報，それぞれの地域の人口や商業などの統計データといった属性情報を重ね合わせて，情報の分析・解析を行ったり，情報を視覚的に表示させたりするシステムである。インターネットの地図サービスで簡単に検索できるのも，そのデジタル地図に詳しい緯度経度や住所データといった位置情報が含まれているからである。また，GIS では従来の紙地図ベースの作業と違い，ビッグデータなどを地図化して分析することができる。

9-2-3　GIS を活用した授業の指導法

　文部科学省の「各教科等の指導における ICT の効果的な活用に関する参考資料」（https://www.mext.go.jp/a_menu/shotou/zyouhou/mext_00915.html）には，社会，地理歴史，公民

において，国内外のデータを加工して可視化したり，地図情報に統合したりして，深く分析するための資料が示されている。そのようなGISを活用した授業の指導ができるように，大学の高等学校地理歴史科や中学校社会科の教職課程において，学生を育成することが必要である。つまり，GISソフトの利用方法だけでなく，どのような教材に対してGISをどのように活用して，どのような技能を身に付けさせるかを考えることができるGIS活用実習が重要となる。また，このような実習は，GISの仕組み自体が地形，道路や鉄道，コンビニの立地など多様なレイヤーを重ね合わせて自然環境や社会環境から空間認識するという地理の基本的な考え方を理解する方法の1つとなる。

GISは目的ではなく，空間を理解する方法であり，道具である。目的に応じて道具を使い分ける必要があるように，授業内容に応じて，GISソフトを使い分けることが重要である。具体的には，防災の観点から浸水地域を考えるには「地理院地図」の自分で作る色別標高図，地域間のデータ比較や課題発見には「RESAS」，地域変容の考察には「今昔マップ on the web」，地域データから階級区分図や図形表現図の作成には「MANDARA」というような使い分けが有効である。

高等学校学習指導要領（平成30年告示）解説の「地理歴史編」では，「地理総合」の指導計画の作成と指導上の配慮事項に学習の順序について，「「地理総合」の大項目「B　国際理解と国際協力」は，大項目「A　地図や地理情報システムで捉える現代世界」の学習成果を踏まえて，さらに大項目「C　持続可能な地域づくりと私たち」は，大項目A，Bの学習成果を踏まえて学習できるよう配慮してあることなど，全体として「地理総合」の設置の趣旨や学習のまとまり及び科目の目標の達成を目指した学習の流れを考慮していることにも留意する必要がある。」と記載されている。つまり，これは大項目のA・B・Cの順に学習するということである。大項目AにおいてGISの学習をするが，単なるGISの知識理解になることを避ける必要がある。しかし，GISの考え方や活用を学習するためには，地理的事象の内容が重要である。例えば中学校での既習内容を活用して，大項目AでGISの学習をして，大項目B，大項目Cへとつなげることが望ましい。

9-3　教職科目におけるGIS活用の実習

2025年度以降入学の多くの大学生は高等学校で「地理総合」を履修しているが，教職科目では教員として授業実践力を身に付けることが重要である。そこで地形，防災，農業，地名，地域変容，統計地図などに関するGIS活用の実習例を紹介する。さらに，問いの設定や理解させたい事項からGISソフトの使い分けを考える。

9-3-1　「Google Earth」で見るセンターピボット方式

アメリカ合衆国カンザス州の西経100度付近を「Google Earth」の衛星画像で見ると，多くの地域でセンターピボット方式を確認することができる（図9-1）。これを用いて，降水量の少ない地域において農耕するために地下水のくみ上げと散水をする灌漑について，降水量が少ないという自然的条件，地下水のくみ上げと散水を行う社会的条件などを確認する。次に，「Google Earth」で規模を確認する。さらに，「どのくらいの範囲で見られるか」「世界の他の地域で見られるとこ

図9-1　「Google Earth」で見るセンターピボット方式
北緯39°23′05″N，西経100°43′02″付近を表示。

ろを探してみよう」などの問いを設定して，それ
ぞれの端末で確認する。

センターピボット方式は中学校社会科地理的分
野の複数の教科書でも扱われている。高等学校で
は，中学校での学習内容に加えて，GIS を活用し
た学習で成立条件の確認，センターピボット方式
自体の規模，同じ条件下でどのように広がってい
るか，世界の他の地域でも同様の条件の下で見る
ことができることなど深い学習ができる。

なお，1 人 1 台端末の学校での環境を考えると
Web GIS を活用，つまりコンピュータにインス
トールする「Google Earth プロ」ではなく「Google
Earth（ウェブ用）」の利用が望ましい。

9-3-2 「地理院地図」の「自分で作る色別 標高図」で考える地形と防災

図 9-2 は「地理院地図」で見た東京中心部の標
高図である。東側の荒川流域には標高 0m 以下の
地域が広がっていることが確認できる。防災学習
について，津波や大雨による浸水などを考えるこ
とができ，日本の多様な地域についても同様の方
法での学習ができる。自然災害と防災に関して知
識としての理解だけでなく，GIS を活用して作業
することにより，課題を見いだし，主体的に考え
ることにより，防災意識が高まることも期待でき
る（森 2014）。

中央の部分では東京駅付近で西側の洪積台地と

東側の沖積平野，いわゆる山の手と下町の境界を
理解できる。また，江戸城のあった皇居が洪積台
地の端に立地しており，さらに大阪城や名古屋城
などでも類似した立地状況を見ることもできる。

その他に西側には洪積台地と侵食された谷があ
り，渋谷はその谷の部分に位置すること，さらに，
地名と地形との関係を考えるともでき，生徒それ
ぞれが東京の各地で「谷」や「台」の地名と地形
を調べることができる。「自分で作る色別標高図」
では，表現したい目的に応じて標高のしきい値を
生徒それぞれが設定できるので，作成した地図か
ら生徒の理解の状況を確かめることができる。

9-3-3 「地理院地図」の「自分で作る色別 標高図と 3D」で見る古墳の立地

図 9-3 は，大阪府の百舌古市古墳群周辺を「地
理院地図」の「自分で作る色別標高図」で描画し，
それを 3 D（高さ方向の倍率 3 倍）にしたもので
ある。古墳が台地上に立地していることや，古墳
自体の高さを確認できる。また，地形と立地のか
ら歴史学習への汎用性もある。

図 9-3　「地理院地図」自分で作る色別標高図と 3D の活用
「地理院地図」により作成。

9-3-4 「今昔マップ on the web」で見る 住宅団地の地域変容

図 9-4 は，「今昔マップ on the web」により，
札幌市郊外の住宅団地の形成前（左側）と形成後

図 9-2　「地理院地図」自分で作る色別標高図の活用
「地理院地図」により作成。

（右側）を表している。住宅団地は都市郊外の林野において谷間を盛り土，台地を切土で造成されることが多い。計画的にできた住宅団地の状況をみるほか，造成前の盛り土部分では地盤の関係から大規模地震発生に伴う液状化の問題を考えることもできる。「今昔マップ on the web」では，同じ地域の新旧地形図を比較してみることができ，地域変容を簡単に確認することができる。

図9-4　「今昔マップ on the web」の活用
「今昔マップ on the web」により作成。

9-3-5　「MANDARA10」で作る統計地図

図9-5は，「MANDARA10」で作成した都道府県別の持ち家率の統計地図である。教科用図書「地図」や教材の統計書などの都道府県別の統計資料が多数あり，興味ある統計データを用いて統計地図を作成して分析するという課題を出せば，それ

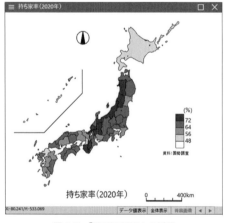

図9-5　「MANDARA」の活用
「MANDARA」により作成。

ぞれの生徒が用いるデータの選択の段階で，仮説を立て，地図作成後に分析をする段階で地域の特徴や成立要件など考えることになる。

また，教員としては，統計地図作成の最初の段階で，数値が絶対数であれば図形表現図，割合であれば階級区分図で表現するなどの基礎となる指導も必要である。

「MANDARA」は，コンピュータにインストールする「MANDARA10」のほか，Webブラウザで動作する「MANDARA JS」も提供されている。1人1台端末で多様なOSが想定される学校現場では「MANDARA JS」が活用しやすい。

9-4　「地理総合」におけるGISの評価の方法

国立教育政策研究所教育課程研究センターの『「指導と評価の一体化」のための学習評価に関する参考資料 高等学校 地理歴史』では，「地理総合」の「地図や地理情報システムで捉える現代世界」の単元における評価規準として，次のような例が示されている。

知識・技能

・日常生活の中で見られる様々な地図の読図などを基に，地図やGISの役割や有効性などについて理解している。

・現代世界の様々な地理情報について，紙地図や「地理院地図」などの様々なGISなどを用いて，その情報を収集し，読み取り，まとめる基礎的・基本的な技能を身に付けている。

思考・判断・表現力

・地図やGISについて，位置や範囲，縮尺などに着目して，「GISを使えば，どのようなことがわかるだろうか，また，地理情報を効果的に伝えるためには，どのような方法が適切だろうか」などを，多面的・多角的に考察し，表現している。

主体的に学習に取り組む態度

・地図やGISと現代世界について，よりよい社会

の実現を視野にそこで見られる課題を主体的に追及している。

このような学習評価を行うにあたり，評価の材料として図 9-6 のようなワークシートを提出させたり，その内容を発表させたりすることが考えられる。作成した地図からの読み取り，要因や課題に関する考察，コメントなどすることにより，次のような資質・能力について学習評価ができる。それは，地図の作成と読み取りなどの技能，作成した地図の考察やまとめなどの思考力・判断力・表現力，課題に応じた資料収集や地図表現などの主体的な態度などである。大学の教職課程においてもそれらを実践し，教員としてのスキルの向上を図るべきである。

図 9-6　GIS を活用した課題レポート

また，標高図作成，統計地図作成など同じ学習内容でも，GIS でそれぞれの生徒が多様な地域や統計の分析をして，学習内容を発表することにより，個々の思考力・判断力・表現力の資質能力を評価することができる。さらに，発表する生徒にはアウトプットの機会が増えるため，それによって技能と思考力・判断力・表現力が向上し，その他の生徒にとっても幅広い知識や考え方を得る機会となる。　　　　　　　　　（森　泰三）

注
1）教育職員免許法施行規則　e-GOV 法令検索（https://elaws.e-gov.go.jp/document?lawid=329M50000080026）による。

文献
国立教育政策研究所教育課程研究センター 2021.『「指導と評価の一体化」のための学習評価に関する参考資料 高等学校 地理歴史』東洋館出版社.
社会認識教育学学会編 2020.『中学校社会科教育・高等学校地理歴史科教育』学術図書出版社.
森　泰三 2014.『GIS で楽しい地理授業―概念を理解する実習から課題研究ポスターまで』古今書院.
文部科学省 2018.『中学校学習指導要領（平成 29 年告示）解説 社会編』東洋館出版社.
文部科学省 2018.『高等学校学習指導要領（平成 30 年告示）』東山書房.
文部科学省 2019.『高等学校学習指導要領（平成 30 年告示）解説 地理歴史編』東洋館出版社.
文部科学省 2020. 各教科等の指導における ICT の効果的な活用に関する参考資料 . https://www.mext.go.jp/a_menu/shotou/zyouhou/mext_00915.html（最終閲覧日：2023 年 3 月 1 日）

第10章

先端技術と GIS を活用した防災教育の実践

10-1　教育における先端技術の活用

　本章は大学地理学教育における，先端技術と GIS を活用した防災教育の実践例を通して，地理教育における先端技術の活用および，その教育効果について解説する。

　2014 年に国際地理学連合・地理教育委員会で採択された「持続可能な開発のための地理教育に関するルツェルン宣言」では，地球規模の課題に対して地理学が果たす役割が述べられ，情報通信技術（ICT）の重要性が指摘された。この宣言の中で，ICT 導入のためには教育現場における ICT インフラ整備とともに，現職教員の技能不足などが問題として指摘されており，教員を目指す学生の能力向上に対する支援が目標達成に必要であるとされた。

　それから約 10 年，技術の進歩は目覚ましく，人工知能（AI）やクロスリアリティ（XR）といった先端技術は，私たちの日常にとって身近な存在になった。さらに ICT の発達により膨大なデータがネットを介してやり取りされ，そうしたデータはビッグデータとなり，多くの分野で活用され，教育分野においても先端技術の活用による教育の質・効果向上が期待されている。

　文部科学省は Society5.0 時代の到来と，子どもたちの多様化などを背景とし，誰一人取り残すことのない，公正に個別最適化された学びの実現を目指した「新時代の学びを支える先端技術活用推進方策」をまとめ，この方策を推進するため，同年に「学校教育の情報化の推進に関する法律」が公布，施行された（文部科学省 2019a）。社会的背景では 2020 年から始まった COVID-19 の流行に伴う社会情勢の中で，遠隔授業に代表されるような教育の ICT 化が急速に進み，今後は普及した ICT をいかに活用するかが重要になる。

　最先端技術を教育に組み込む大学も文理問わず増えた。数理・データサイエンス・AI を理解し，活用する基礎的な能力を大学で育成することを目的とする文部科学省の「数理・データサイエンス・AI 教育プログラム認定制度（リテラシーレベル）」には，国内 139 の大学・短大・高専が参加している（文部科学省 2021a）。こうした大学における最先端教育と地理学を結びつけることによって，より高度な地理空間情報活用スキルを身に付けた教員志望の学生育成が期待でき，そのための地理関係講義におけるカリキュラム・教材を開発・実践することが重要になってくる。

10-2　VR 技術と防災教育

　ここまで本書の中で解説された GIS は情報システムであることから，ICT や先端技術との親和性が非常に高い。そこで GIS と先端技術の 1 つとされる XR，なかでも仮想現実（VR）と GIS を連携させ教育に活用する事例を紹介する。VR 技術は先端技術活用推進方策の成果でもある学校における先端技術活用ガイドブックの中で取り上げられており，現実感をもち，また時間・空間を超えて様々な場面を疑似体験することで，より効果的な

学びを得ることが期待されている（文部科学省 2021b）。

　VR コンテンツの整備も進められており，特に自治体では VR を防災・減災に活用する事例が増えている。たとえば大分県は「防災おおいた」という YouTube チャンネルを開設しており，地震や津波といった災害を CG で表現し体験できるコンテンツを公開している（大分県 2021）。こうしたコンテンツを利用することで，利用者は災害をより身近なものとして捉えるきっかけになる。Bernhardt et al.（2019）は，米国東海岸におけるハリケーンを VR 空間上に再現し，従来の文章を中心とした防災・減災啓発を受けた者と，従来の方法に加え VR コンテンツを用いた啓発を受けた者の災害に対する意識比較を行い，後者のほうが避難に対する意識が高まることを報告した。

　「地理総合」の学習指導要領における大項目 C では「地域性を踏まえた防災について，自然及び社会的条件との関わり，地域の共通点や差異，持続可能な地域づくりなどに着目して，主題を設定し，自然災害への備えや対応など多面的・多角的に考察し，表現すること」が挙げられており，身近な防災・減災を様々な条件下で主体的に考えられる VR 技術を活用することは有効であると考えられる（文部科学省 2019b）。

　過去の災害を見ても，1996 年に発生した阪神淡路大震災は，発生時刻が 5 時 46 分と日の出前の時間，2011 年に発生した東日本大震災は 14 時 46 分と日中の時間であり，避難状況が昼夜間という違いがある。また 2018 年に北海道で発生した胆振東部地震は，火力発電所の連鎖停止による全道的な電力停止，いわゆるブラックアウトが発生した。地域性でいえば，北海道や東北といった地域は，冬季に災害が発生した場合，積雪の中での避難となる。このように，災害発生時の地域・条件によって，避難状況が大きく異なるが，そうした避難条件を現実空間で再現することは非常に難しい。こうした状況を VR で再現することで，

通常の防災教育では得られない，学びや気づきを得ることができると考える。

10-3　疑似避難訓練システム

　本章では大学の地理学講義で行われている GIS と VR を援用した防災・減災教育について解説する。ここで利用する疑似避難訓練システム（VET システム，VR Evacuation Training System）は 360 度画像を VR 空間に投影し，その空間上で疑似避難訓練を行うシステムである。画像データを用意することで，任意の地域や天候などの条件を再現できる（塩﨑・橋本 2021）。

　VET システムを利用し，北海道でも有数の観光地である函館市金森倉庫周辺を VR 空間上に再現する。函館市は多くの観光客が訪れる観光地であり，特に北海道では初等中等教育における修学旅行の候補地にも挙げられる。

　他方で函館市は太平洋沿岸部に位置しており，津波発生時の津波浸水想定地域が広範囲に広がる地域である（図 10-1）。特に金森倉庫周辺は陸繋砂州という特殊な地形である。こうした地形と災害を組み合わせた防災・減災学習も地理学では重要であり，これを体験的・主体的に学ぶ機会を地理学講義内で設け，ここで VET システムを活用する。

　VET システムでは災害発生前・災害発生時・避難時・振り返りという 4 つの場面を再現する。災害発生前フェーズでは，VET システムが函館市金森倉庫周辺の映像を投影し，状況を説明することで，体験者に現状認識を促す。その後，災害発生フェーズに移行し，地震の発生とともに大津波警報を流し，津波の発生を体験者に知らせる。

　避難開始フェーズでは，体験者が VET システムを操作し，現在地から避難所もしくは津波浸水エリア外を目標として非難を開始する。Google ストリートビューのように VR 空間内を移動するが，体験者が明らかに避難ルートを逸脱した場合

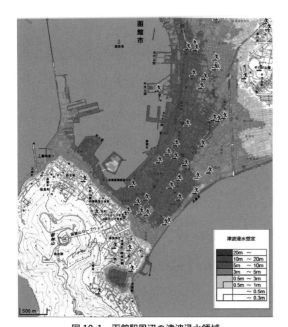

図 10-1　函館駅周辺の津波浸水領域
ハザードマップポータルサイトより作成。

像を用意することで昼夜の避難を，積雪期の画像を用意することで積雪期の避難を体験することができる。

　各移動地点は実際の位置情報と紐づいており，GIS 上で可視化することが可能となる。またアニメーションで自分の避難軌跡を確認することができ，あわせて津波浸水シミュレーションを可視化することで，体験者が自身の避難行動を振り返り，評価することができる。

10-4　大学における疑似避難訓練システムの活用

には，VET システムが警告を表示して元の道に戻す（図 10-2）。

　ここまでの発生前フェーズから避難フェーズでは，360 度画像が VR 空間に投影される。この時に投影される 360 度画像では周辺状況を変更することが可能である。たとえば昼の画像と夜の画

　2022 年に北海道札幌市に位置する 2 つの大学にて開講された地理学講義内で VET システムの運用を行った。どちらの大学も高等学校教諭一種免許（地歴）を取得できる大学であり，この講義は「教科に関わる専門的事項関する科目」の必修科目となっている。カリキュラム上，VET システムを活用する前段階の講義で，位置情報や GNSS，GIS に関する知識・技能を学んでいる。本講義を受講し，実際に疑似避難訓練を体験した学生は 2 大学で計 193 名であった。この 2 大学

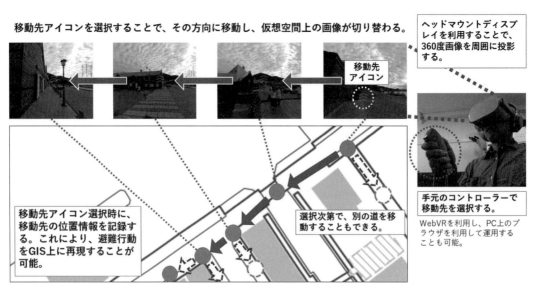

図 10-2　VET システム避難行動フェーズのイメージ

で実施する疑似避難訓練は，それぞれ避難条件に
条件的差異を設けた。A 大学では昼間の避難とし，
B 大学は夜間の避難とした。これにより，昼夜間
の避難行動時における差異を体験的に学習するの
である。

　対象地域の金森倉庫は函館山麓の海沿いに位置
しており，開始地点左側に函館山，右側が函館駅，
北海道本島側となる。函館市は津波浸水領域が広
く，函館駅側に避難した場合，浸水領域外に出る
ためには徒歩で 30 分以上かかり，浸水に巻き込
まれる恐れがある。そのため避難先候補としては，
函館山か，津波避難ビルに指定されているホテル
が挙げられる。

　まず，中間の避難となる A 大学の体験者は，
函館山と避難ビルがはっきりと視認できる（図
10-3）。A 大学の体験者の初動は，函館山に向かう・
海から離れる・函館駅側に向かう方向に，それぞ
れほぼ同数が移動を開始した。

　しかし，夜間の避難となる B 大学の体験者は，
函館山がはっきりと視認できないため，全体の
6 割が目立つ避難ビルや内陸を目指した（図 10-
4）。このように VET システムを通して，異なる状
況における避難では，状況に応じて避難行動の差
異が見られた。

10-5　GIS による VR 空間と 現実空間の関連づけ

　先にも述べたように，VET システム上の避難
体験はすべて現実の位置情報と紐づけられてお
り，GIS 上で可視化することが可能である（図
10-5）。可視化するに際しては，アニメーション
で体験者の避難行動軌跡を表示する。そして，他
の体験者の避難行動軌跡を同時に可視化すること
で，集団の避難行動を俯瞰することができる。ま
た津波到達後の浸水領域の広がりも可視化するこ
とで，実際に津波が発生した後に，自身の避難行
動がシミュレーション上で適切であったかを評価

図 10-3　VR 疑似避難体験開始地点の様子（函館山方向）
標高が高い函館山を昼間にははっきりと視認できるが，夜間は
ほとんど視認できない。

図 10-4　VR 疑似避難体験開始地点の様子（避難ビル方向）
津波避難ビルは夜でも明かりがあるため視認しやすい。

できる（図 10-6）。
　他の体験者による避難行動の移動軌跡を表示す
ることで，それまでの自身の体験に基づく避難に

図 10-5　GIS 上で疑似避難体験避難行動軌跡を可視化

図 10-6　GIS 上で避難行動軌跡と津波浸水アニメーションを
重ねて可視化

対する評価を見直し，地域の防災・減災を考える契機とすることができる。たとえば，金森倉庫周辺では，どの場所で避難行動者の迷いや滞留が起きるのかということから，避難阻害要因などを検討できる。

　GIS 上で周辺の地形データを合わせて可視化することで，避難と地形の関係を学ぶことも可能となる。たとえば，単純に疑似避難をするだけなら，函館駅側，つまり内陸側を目指す体験者が多かった。これは，巨大地震が起きた際には海から離れるという行動原理にのっとったものと考えられる。しかし金森倉庫周辺は陸繋砂州という特殊な地形であり，内陸側は比較的広範囲に低地が広がっている。対して太平洋側に突き出している函館山は 1 ブロック程度登るだけで，津波浸水領域から離れることができる。これらのことを，VR 上での視覚情報と地図上で確認することができ，防災・減災を多面的・多角的に考察できる。

　こうした避難軌跡情報はすべてデータベース上に保存されているため，他者の避難体験結果を共有することができる。今回は，前年の 2021 年に行われた積雪期夜間のデータを比較対象とした。積雪期夜間の場合，除雪の関係で歩道が通れない道などがあり，行動が制限される。また夜間に降雪が重なることで，周辺の視認性がさらに悪化する。このように条件を変更した避難体験結果を共有することで，自身の体験だけでは得られない知識を得ることができ，思考を促すことができる。

　それぞれの大学で条件を変更した避難体験を実施することもできるが，昼間避難を行った体験者はある程度ルートを覚えており，夜間の避難をスムーズに行うことが考えられる。実際に昼夜間でどのような避難行動の差異が見られるかということは，初めて疑似避難を体験する体験者のデータが必要になってくる。そういった意味で，疑似避難データを収集・共有することが重要であり，このデータを用いることで，様々な条件下における避難を GIS 上で検討するといった教育手法をとることができ，地図リテラシーの向上が期待できる。

10-6　異なる状況における疑似避難体験参加者の防災・減災に対する意識の変化

　疑似避難体験後，それぞれの大学の学生が避難体験中の行動に関するアンケートを行った。「迅速な非難ができましたか？」という項目に対して，昼間避難を行った A 大学は 63.3％，夜間の避難を行った B 大学では 56.1％の学生が「はい」と答えた。B 大学で「いいえ」と答えた学生の選択理由としては，「夜間のため山や海といった周辺の環境を把握することが難しかった」という意見が多く見られた。

　「どこに避難しましたか？」という質問に対して，A 大学の体験者は 73.1％が「函館山」と答えた。B 大学の体験者は，51.8％が「函館山」と答え，42.1％が「避難ビル」と答えた。「避難行

動を考えるうえで最も重要だと思ったことは何ですか？」という質問に対して，「避難所位置の確認」「避難ルートの確認」「避難行動の速さ」「周囲の人とのコミュニケーション」「災害情報収集の手段」「事前の防災学習」「その他」という 7 つの選択肢から体験者が選択した結果を見ていく（図10-7）。

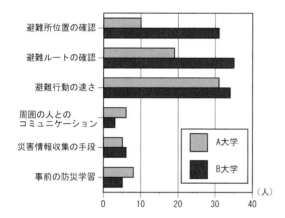

図 10-7　「避難行動を考える上で最も重要だと思ったことはなんですか？」という質問に対するアンケート結果

　A 大学は 39.2％ の学生が「避難行動の速さ」を選択しており，「避難ルートの確認（24.1％）」，「避難所位置の確認（12.4％）」と続く。対して B 大学は「避難ルートの確認」が 30.7％ と最も多く，次いで「避難行動の速さ（29.8％）」，「避難所位置の確認（27.2％）」となった。このことから同じシステムを通した疑似避難体験であっても，周辺状況が異なるだけで，体験によって得られる考え方が異なることが分かる。

10-7　新学習指導要領における 3 観点評価

　新学習指導要領には新たに「知識・技能」「思考・判断・表現」「主体的に学習に取り組む態度」という 3 つの観点から評価を行う 3 観点評価が導入された。先端技術を活用した授業は，生徒の「知識・技能」を発展させ，「思考・判断・表現」「主体的に学習に取り組む態度」へのアプローチ

を容易にすることができる。防災教育では特にハザードマップなどを活用した授業を中心に展開されることが多い。地図を俯瞰し避難経路などを考える「思考・判断」と，VR 空間上で実際の空間を参照しながら考える「思考・判断」では，視点や見えてくる結果等が異なる。また，自身の体験と他者の体験を比較・検討することによって，状況に応じた判断・行動の必要性を知ることで，今後の学習における多面的・多角的な視点をもって取り組む重要性を認識することが期待され，自身の学習を新たな視点で見つめる「学びに向かう力」を養うことも期待できる。

　本講義のカリキュラムは高校教育の現場にも適用することができる。2022 年 7 月に北海道札幌啓成高等学校において，本カリキュラムを元にした授業を展開した（写真 10-1）。この高校ではICT の普及が比較的進んでおり，VET システム等を問題なく運用することができた。授業を受けた生徒たちの関心は非常に強く，その後の GIS 学習への意欲にもつながり，「学びに向かう力」が向上したと評価できる。

　大学教育では高校教育における実践例を示しつつ，評価の観点を解説することによって，今後の 3 観点評価を行う上での留意点を説明することができる。このように高校教育の現場と大学地理教育を連携させることによって，将来地理教育を担

写真 10-1　VET システムを用いた疑似避難体験の様子
2022 年 7 月 21 日，北海道札幌啓成高等学校にて撮影。

う学生の教育能力を高められると考える。

　本章では VR と GIS を組み合わせた防災教育を解説した。ここでは VET システムを使用したが，Google ストリートビューと地理院地図のような Web GIS を組み合わせ利用することにより，これに近いことを行うことができる。最初に述べたように，近年では最先端技術を活用したサービスやアプリがリリースされており，こうしたサービスを利用することで，より高度な ICT を活用した授業を展開することができる。そのため，様々なアプリなどに触れ，授業にどのように活かせるかということを，今後も考えていきたい。

（塩﨑大輔・橋本雄一）

付記　本稿は建議研究「災害の軽減に貢献するための地震火山観測研究計画（第二次）」の課題研究「地理空間情報の総合的活用による災害への社会的脆弱性克服に関する人間科学的研究」（HKD07）および 科研費（22K0104002）における成果の一部である。

文献

大分県 2021. おおいた防災 VR について . https://www.pref.oita.jp/site/bosaitaisaku/oitabousaivr.html（最終閲覧日：2023 年 5 月 24 日）

塩崎大輔・橋本雄一　2021.　地理総合に向けた大学教育における VR 防災教育システムの利活用 . 情報処理学会情報システムと社会環境研究会研究報告　2021-IS-157(5)：1-6.

文部科学省 2019a.『新時代の学びを支える先端技術活用推進方策』

文部科学省　2019b.　『高等学校学習指導要領（平成三十一年公示）解説　地理歴史編』東洋館出版社.

文部科学省　2021a.　数理・データサイエンス・AI 教育プログラム認定制度概要. https://www.mext.go.jp/content/20210315-mxt_senmon01-000012801_1.pdf（最終閲覧日：2023 年 5 月 24 日）

文部科学省　2021b.　『令和 2 年度文部科学省委託「先端技術の効果的な活用に関する実証」学校における先端技術活用ガイドブック（第 1 版）』

Bernhardt,J., Snellings, J., Smiros, A., Bermejo, I., Rienzo, A. and Swan, C. 2019. Communicating hurricane risk with virtual reality. *Bulletin of the American Meteorological Society* 100(10): 1897-1902.

7　GIS で現地の教材を蓄積することの重要性

　筆者はここ数年，高校地理教育の補助と奈良大学の紹介を兼ねて，奈良県内外での出張講義を多数回行ってきた。地理学を専門とする大学教員の筆者が出張講義の際に高校から受けた要望としては，GIS，フィールドワーク，地形や気候など自然地理学分野，SDGs，通常授業時の進度に合わせた内容，の5つに区分できる。このうち特に，GIS を使って自然地理学分野を扱う授業，GIS とフィールドワークを組み合わせた授業の要望が多かった。

　地理総合では「持続的な地域づくりと私たち」という大項目があり，この中では系統地理学的な知見をベースとして地域の防災や生活圏の調査などを行うことになっている。従来，教科書や地図帳に掲載されていた主題図は，世界や日本の事例であれば共通して使えるが，地域調査や地域防災の図は例を示すのみとなり，まさに自分ごとにで

きる地図が掲載されていることは希であった。ところが Web GIS を使うと，同じ教材を使っても拡大・移動すれば，日本国内のどこでも使うことができる。つまり，日本全国で GIS を用いた現地の教材を作成すれば，使用できる教材が蓄積されていく。

事例1　Web GIS を使った主題図の蓄積

　奈良大学文学部地理学科では，GIS を高校の地歴科の授業などで手軽に使ってもらうために，Web GIS を使った主題図の事例を多く作ってきた。こうした事例を集めた SONIC（ソニック：Speedy Original Necessary Interesting Contents）は，2018年から公開してきた（図⑦-1）が，作成後5年が経過したため，現在データの見直しに入っている。事例は時枝・木村著『スマホと PC でみるはじめての GIS －地理総合で GIS をど

図⑦-1　奈良大学 SONIC のトップページと QR コード

https://geognarauniv.maps.arcgis.com/home/index.html

う使うか』に世界の系統地理学的な内容を5例，地域調査に使える図2例，防災関連3例を掲載し，スマートフォンやパソコンでQRコードを読み取ることにより，簡便にWeb GISによる地図を表示できるようにしている。さらに，図を表示するだけでなく，読図に関する解説，「地理総合」での教案例，データ諸元を概説することにより，教員が授業で説明しやすいように配慮した。さらには，応用的な内容として「GISという技術を知る」内容まで展開しており，これまでのGIS概説書とは逆で，理論や技術より利用を優先した点に特徴がある。

　また防災に特化した資料として時枝・木村著『スマホで簡単！GISを用いた防災マップ－「地理総合」の教材例－』（https://www.nara-u.ac.jp/faculty/let/geography/news/2019/674に資料掲載）が奈良大学入学センターで販売されている。この本も，QRコード（図⑦-2）をインターネットにつながったスマートフォンまたはパソコンで読み取ると，Web GIS画面につながり，教案例，データについての説明と防災に関するメモ10例が記載されている。

図⑦-2　『スマホで簡単！GISを用いた防災マップ～「地理総合」の教材例～』に示されている10例のWeb GISマップに接続するQRコード
https://www.nara-u.ac.jp/faculty/let/geography/news/2019/674

　なおSONICでは，最初に奈良県内の防災データを見られるようにすることから始めたため，津波の記述がない。津波のハザードマップに関しては，都道府県の公開ポリシーが異なり日本全国一律にできないという難点もあり，今後の課題としたままとなっている。

事例2　GISで予習をした後のフィールドワーク

　従来，紙ベースの教科書や地図を使って高校周辺のフィールドワークを立案・実施することには，地理を専門とする高校地歴科教員ですら高い技術と経験が必要である。ましてや日本史や世界史を専門とする高校地歴科教員は，フィールドワークの経験がほとんど無いと思われ，博物館などに生徒を連れて行くことによりフィールドワークに替える恐れがあり，それでは高校生に地理的な現地観察を十分に指導できない。一方で，地理を専門とする教員は，大学生の頃に「巡検（じゅんけん）」とよばれるフィールドワークの経験があり，実施方法を学んでいる。ところで，筆者は地理学科のゼミ生を相手に，フィールドワークの立案および現地での見方・考え方を教えたところ，実際にその学生が一人でフィールドワークを完全に立案・指導できるようになるまでに，約10回の経験が必要であった。このためには積極的にフィールドワークに参加するしかない。

　こうした状況下で奈良県内の公立高校のフィールドワークを早急に充実させるため，奈良大学地理学科の有志が中心となり全高校のフィールドワーク案を作成した。そのうちの6例は『地理総合の授業』（奈良県高等学校地理教育研究会編，2022年）に，残りの例は『研究紀要及会報　令和2年度　第58号』（奈良県高等学校教科等研究会地理部会，2021年：非売品で会員のみに配布）に記載されている。このうち奈良県立西和清陵高校のフィールドワーク案として作成した地図の例を図⑦-3に示す。図3中の①～⑥の6地点について，本文中で写真と図で記述されている。

　大学教員が高校で出張講義をするとき，GISで高校周辺のフィールドワーク準備として地域概要を示した後，実際にフィールドワークに出る，ということも可能である。筆者もこれまで何度かこのような依頼を受けたことがある。従来は「地理院地図」とパワーポイントを組み合わせた説明を

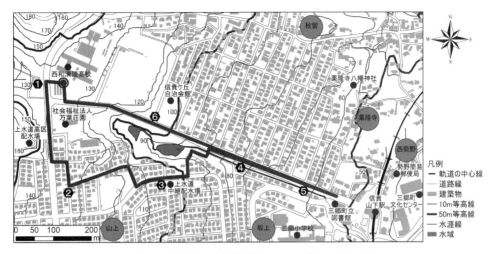

図⑦ -3　奈良県立西和清陵高校のフィールドワーク案の例
①〜⑥の 6 地点はフィールドワーク地点。作成：牧田ことみ・團栗裕貴。

図⑦ -4　青翔開智高校のフィールドワーク用ストーリーマップ
https://storymaps.arcgis.com/stories/
e354b142f1304ad0a4b3a7549　作成：浜田優希・中澤 歩。

行うことが多かったが, 最近では Esri 社の「ストー
リーマップ」機能を使っている。この機能を使う
と, タブレットでもスマートフォンでもそのペー
ジに一度接続するだけで教員も生徒も同じ説明画
面と Web GIS にアクセスできる。この例として,
浜田・中澤 (2023) によりストーリーマップが作
成されている（図⑦ -4）。

　出張講義で使用するフィールドワーク資料の作
成は, どうしても高校ごとのオーダーメイドとな
る。今後は, こうした情報を蓄積してパターン化
し, 高校の地歴科教員がフィールドワーク資料を
作りやすい環境を整備していきたい。

（木村圭司）

文献

時枝　稜・木村圭司 2019.『スマホで簡単！ GIS を用いた
　　防災マップ−「地理総合」の教材例』奈良大学文学部
　　地理学科.

時枝　稜・木村圭司 2019.『スマホと PC で見るはじめての
　　GIS −「地理総合」で GIS をどう使うか』古今書院.

團栗裕貴・木村圭司 2021. 奈良県内の国公立高校における
　　フィールドワーク案. 奈良県高等学校教科等研究会地理
　　部会編『研究紀要及会報　令和 2 年度　第 58 号』1-85
　　（CD-ROM 版）.

奈良県高等学校地理教育研究会編 2022.『地理総合の授業』
　　帝国書院 .

浜田優希・中澤　歩 2023. 袋川の洪水とその付け替え〜
　　青翔開智高等学校の「地理総合」フィールドワーク〜 .
　　https://storymaps.arcgis.com/stories/e354b142f1304ad0a4b3a
　　75496aebbe4（最終閲覧日：2023 年 5 月 8 日）

コラム

8　大学教育における GIS とフィールドワーク

1　教員養成大学における授業

　筆者の本務校である東京学芸大学では，2019年度に教科領域を含む新教職大学院が設立された。ただ，教科専門教員が単独で担当する授業がなく，「授業を通しての GIS 教育」からの転換を模索中である。そこで本稿は，その参考としたい授業を紹介する。これは，2014 年度春学期に旧大学院修士課程教育研究科社会科教育専攻の「地歴科教育内容基礎研究法 D」（筆者担当）で実施した授業の前半部分であり，GIS 学習とフィールドワークの実習をあわせた内容である。参加学生は社会科（地理学）教室からの内部進学者 2 名，環境教育教室の卒業生で高等学校非常勤講師経験者が 1 名，留学生 1 名の計 4 名で，授業では 1 人に 1 台の PC を割り当てた。

　旧大学院修士課程でも，教員養成大学における教科専門領域「地理学」の授業は，専門的事項を扱いつつも教科内容を意識し，修得したことを学校現場の授業で応用できるよう進められてきた。筆者は，前半を現場の実践例に学びフィールドワークと GIS 学習を組み合わせた内容，後半をArcGIS の操作学習に関する内容で授業を構成してきた。

2　授業の実践

　2014 年度における春学期前半の授業テーマは「大学の身近な地域の防火設備の調査」とした。テーマ決定直前の授業では，学生たちに「"デジタル地図"で放置自転車分析！〜太田弘先生の社会科」（2006 年 4 月 2 日（日）放送，25 分）を視聴させ，対象とする「地物」を決めて調査に臨んでいる点に注目させた。これにより，学生の現地調査の目標を明確なものとした。

　この番組の授業では，同一地域を対象とし，複数のグループが相互に異なる地物の調査を行っていた。しかし，同様の方法で調査を行おうとしても，本授業の受講生は 4 名（多い時でも 7 名程度）であるため，同一地区で複数地物を調査するには人手が不足していた。そこで，調査地域を参加人数で分割し，それぞれの地区でフィールドワークによる調査を実施し，データを作成する方法を採った。

　前年度の 2013 年度に実施した「大学の身近な地域における貸駐車場の分布調査」では，地図化によって駐車場分布の傾向を多面的に知ることができた。しかし，この調査が，参加者に地域の課題認識や解決法を検討するなどの社会参画を意識させられるのかということには疑問が残った。

　そこで，2014 年度には「地域の防災対策」への展開を期待して，「大学の身近な地域の防火設備の調査」を授業テーマとした。また，この防災設備は，少人数でも現地調査でデータを収集しやすく，限定された対象地域でも分布密度が高くてGIS の分析に適当と考えたためである。

　授業の進め方は，（1）調査テーマ・対象エリア・調査地物の決定と下見（GPS 受信機持参）および調査（現地調査と調査結果の紙地図への記録），（2）データ準備＜①地理空間データの準備（基盤地図情報），②ジオリファレンス，③担当部分のデータ入力＞，（3）完成データの活用＜①可視化と地図表現，②バッファーを用いた分析＞，

（4）成果発表とした。

（1）調査テーマ・対象エリア・調査地物の決定と下見（授業 1 回目）

　授業では，まず調査テーマを決め，現地調査のための下見を行うことにより防火設備を確認した（図⑧ -1）。その際，歩いたルートを GPS 受信機で記録し，一定時間で調査できる範囲を確認できるようにした。下見の実施は，調査地域について共有を図ること，調査データの統合を視野に入れ観察対象や項目に齟齬がないようにすること，調査時の注意事項を確認することがねらいであった。下見の後，大学に戻り，対象地域の調査担当エリアを決めた。また，注意事項を共有し，翌週をフィールドワークによる調査の第一候補日とし，2 週間後の授業前までに調査を終えることとした。調査用ベースマップは住宅地図を用いた。

街角消火器　　防火水槽　　消火栓

図⑧ -1　調査対象地物の確認
2014 年 7 月小金井市で筆者撮影（授業後に撮影）。

（2）データ準備
①地理空間データの準備（基盤地図情報）（授業 2 回目）

　この授業は，GIS に関する作業がメインとなった。国土地理院のウェブサイトにアクセスして，「基盤地図情報」をダウンロードしてから，平面直角座標系のシェープファイルとして出力した。続いて，これを ArcGIS で表示させた。設定に必要となる座標系（測地系・投影法）については，中等教育レベルの地理教科書や地図帳で扱われる知識を用いて学生に，その基礎を理解させた。

②ジオリファレンス（授業 3 回目）

　この授業は，フィールドワークによる現地調査を終えた後に行われた。調査結果を記録した紙地図をスキャナーで画像データとし，これを GIS 上でのジオリファレンシング作業により，「基盤地図情報」の位置に合わせた。ArcGIS を用いると位置合わせの操作は容易となるはずであるが，かなり手間取る学生が見られた。作業に手間取る学生は，位置合わせの基準となる地点を見つけ出すことを苦手としている可能性がある。ただ，この作業を得意とする学生が積極的に支援することで，双方が作業のコツと指導のコツを掴むことができた。

③担当部分のデータ入力（授業 3 回目）

　引き続き，スキャンした画像にもとづき ArcGIS で防火設備のシェープファイルを作成した。この作業は，シェープファイルの構成を確認しつつ，ベクターデータの構造を学ぶ機会となった。特に，学生たちは，4 人分のデータを後で結合するために必要な知識を学習した。なお，データ入力の完了は翌週の前日までとした。

（3）完成データの活用
①可視化と地図表現（授業 4 回目）

　この回の授業では，事前に 4 人分の入力データを集め，ArcGIS で統合してから主題図を作成させた。その際，手作業やグラフィックソフトウェアでは記号を決めて地図を描くのに対し，GIS では属性値に応じたシンボルを設定し自動で地図を表現する仕組みである点を強調した（図⑧ -2）。また，ArcGIS による地図作成では，これまでの設定や入力にもとづいて凡例，スケール，方位が生成されることを理解させた。これにより，地図学習の基礎知識が GIS に含まれることを理解させた。

②バッファーを用いた分析と成果発表（授業 4 回目）

　続いて，GIS の属性検索により消火栓，消火器，防火水槽の 3 レイヤーを作成させた。この作業で入力の容易さを重視したレイヤーから，分析し

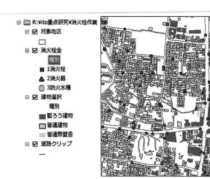

図⑧-2　道路・消火設備・建物の地図化
授業日は2014年5月28日。

やすさを考慮したレイヤーへ変更する意義を学生
たちに理解させた。

　分析では「バッファーを用いて調査対象地域に
おける防火設備分布の特性を把握する」ことを課
題とした。学生たちはバッファーをすぐに理解し
たものの，バッファー作成の操作段階になると，
戸惑いがみられた。

　バッファーの距離設定の考え方には（A）個の
立場（消火器を取りに行って戻って消火すること
を考えると，何mぐらいなら取りに行けるか考
えさせる），（B）消火器設置基準（市区によって
は設置間隔に基準があることからバッファーの距
離を考えさせる），（C）消火栓・防火水槽の機能
（ホースの長さや接続本数などから考えさせる）
などがある。この距離設定については学生たちに
議論させてから，各自で判断させた。表⑧-1は，
この授業におけるバッファーの設定例と，学生の
考え方を示したものである。

（4）成果発表（授業4回目）

　最後に，これまでの作業で得られた成果物の
地図について説明してもらった。発表では，バッ
ファーが地域をカバーする状況についての言及が
なかったため，「消火栓（上水道）でどれくらい
の範囲をカバーできているか」を質問したところ，
「だいたいカバーできている」という反応であっ
た。そこで「カバーできていない領域はどこか」
と重ねて質問した。学生たちは，まず消火栓のバッ
ファーでカバーされていない範囲を確認し（図⑧
-3），次に建物のないところを除外した後，ほかの
防火設備のバッファーも加えて状況を確認した。
最終に，カバーされる範囲内で，いずれの設備か
ら遠い建物のある場所を抽出した（図⑧-4）。

　以上の授業は，学生がGISを知ることがねらい
であり，地域防災に関する内容としては課題が残
る。大学と調査地区までの間には地域防災会の倉
庫があり，調査地外ではあるものの近くに消防団
の倉庫がある。近隣の防災関係者が参加する防災
訓練が大学キャンパスで開かれたこともあるし，
消火栓のチェックにまわる消防団員も見かける。
このように地域防災に触れる機会は多いものの，
地域の防災が空間的に適切であるかどうかを考え
る機会は稀である。防火設備は日頃の備えであ
り，これらについて空間的視点をもって考えるこ
とは，生活空間の調査でGISを活用する際のヒン
トになる。

表⑧-1　消火栓からのバッファー距離の考え方

		学生Aの考え方	学生Bの考え方
消火器	30m 50m 80m	50mの距離なら自分は消火栓を持って走る自信がある。自分より体力のある人（80m）とない人（30m）の両方を想定した。	50m　A区における消火器の配置基準（正しくは配置間隔）が50mだったから。
防火水槽	80m	総務省消防庁「消防水利の基準」のうち用途が「近隣商業地域・商業地域・工業地域」で「風速4m以上」の地域の基準を採用	80m
消火栓	80m		80m　同左

防火水槽・消火栓の設置基準は実際には条件によって80・100・120mに分かれ，学生はあえて厳しい
基準をあてはめている。学生Bの「50m」は「50m間隔」の意味。授業では円ではなく多角形で地域全
体が埋め尽くされることなどをクリスタラーの中心地理論などを事例に説明することが必要となる。な
お，小金井市の消火器の設置基準は120m間隔である。

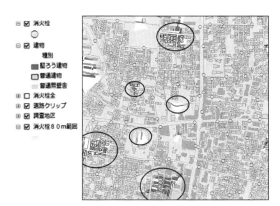

図⑧-3　消火栓（上水道）でカバーできる範囲

授業日は 2014 年 6 月 4 日。楕円の内側はカバーできない場所（パワーポイントで追加）。

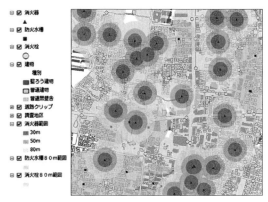

図⑧-4　防火設備を中心としたバッファー分析

授業日は 2014 年 6 月 4 日。いずれの防火設備からも遠い建物のある場所を検討。

3　「地理総合」を担う教員養成に向けて

　ここで筆者が，ArcGIS の機能紹介も兼ねて，後の授業で示した分析結果を紹介する。ここでは学生が作成した消火器のバッファーに，消火器からの距離で彩色した建物を示した（図⑧-5）。

　建物の表現は，消火器からの距離に応じたグラデーションとし，さらに防火対策がなされている可能性のある堅ろう建物を区別した。これにより，バッファーの範囲外にあって消火器から遠い建物が多い地区を，地図上で可視化できた。複雑な操作をしなくても，このような地図を表示させ，「ど

図⑧-5　消火器のみを中心としたバッファー分析

筆者作成。2014 年 6 月 4 日の授業成果を利用。建物については堅ろう建物を区別し，消火器からの距離に応じたグラデーションで表現。カバーできていないエリアを，学生が設定したバッファー距離の円を配置して覆い（パワーポイントで追加），新たな消火器の設置場所を考える方法を例示。

こに消火器を設置したら良いか」という議論に用いることができた。紹介した授業は，防火対策の必要性の高い地区の把握を到達点としたが，GIS の操作に習熟し，空間的思考に慣れていけば，「消火器の新たな設置場所の提案」というような解決策を練るところまで到達できた可能性がある。

　2022 年から高校で始まった「地理総合」では，「A 地図や地理情報システムで捉える現代世界」で地図や GIS を学習し，「C 持続可能な地域づくりと私たち」で防災や地域調査を学ぶ。その際には，ここで紹介した授業のように，防災などに関する現地調査を行い，その成果を GIS で可視化したり分析したりするなど，フィールドワークと GIS 学習を結びつける授業を実施できると思われる。本学のような教員養成大学では，これからは社会科の科目特性を考慮し，魅力的な授業を構想できる力を備え，中学・高校の地図／ GIS 教育を担える教員を養成するための体制づくりが必須である。　　　　　　　　　　　　（中村康子）

第 **11** 章

「地理総合」と地図リテラシーの向上

11-1　デジタル化で様変わりした地図の作成と利用

　2019 年末に始まる新型コロナウイルス感染症（COVID-19）パンデミックは，テレワークや E コマースの普及など，社会のあらゆる面でのデジタル化を加速している。地図もまた，デジタル化によって表現や利用の仕方が多様化してきたが，とりわけ Google Maps をはじめとする Web 地図の台頭は，地図の利用者層を飛躍的に拡大し，利用形態を大きく変化させた。それは VR（仮想現実）や AR（拡張現実）を応用した新しい地図表現を生み出し，カーナビの音声案内のような明示的に地図を用いない位置情報サービス（LBS）を普及させたのである。その結果，いつでも・どこでも・誰もが地図を作ったり使ったりできる「ユビキタスマッピング」といわれる状況が生まれている。

　とりわけ GNSS（全球測位衛星システム）による衛星測位やインターネットの普及は，地図の基盤となる地理空間情報の収集・伝達方法やそれに関わる主体を多様化させてきた。たとえば，GNSS や携帯情報端末を用いて地理空間情報を提供したり，OpenStreetMap（OSM）のように一般市民が地図作成に従事したりする参加型地図作りも盛んになってきた。こうした Web 上での地理情報の作成や共有に市民が参加する動きは，（地理学の専門的訓練を受けていない）ネオ地理学者によるボランティア地理情報（VGI: Volunteered Geographic Information）の生産とも呼ばれ，海外の地理情報科学や地図学でも急速に関心が高まっている（若林ほか 2017）。

　地図を取り巻くこうした状況の変化は，IT（情報技術）革命の結果でもあるが，IT の進歩の早さに人間が追いついていない面もある。その背景には，地図の作成・利用に関わる人びとの裾野が広がって地図利用者が多様化したことがある。このため，作成者の側では利用者のニーズや状況に合わせて表現や仕様を調整する利用者指向の地図づくりが求められている。そうした対話型の地図作成・利用が一般化すると，利用者が地図作成にも関わることになる。それと同時に，地図は単に作成者の意図を伝える媒体ではなく，利用者に新たな発見をもたらす探索的データ分析のツールにもなる（若林 2022）。

　一方，利用者の裾野が拡大したことにより，現代のデジタル社会で求められる地図リテラシーの内容は定めにくくなっている。従来の地理学分野の地図学の授業内容では，地図の用途や利用の仕方をある程度絞ることができたであろう。しかし，現代ではスマートフォンで Web 地図を利用したり，Web 地図をカスタマイズしたりすることが容易になり，利用の仕方も多様化している。そのため，求められるリテラシーも用途やレベルに応じて異なってくる。2022 年に必修化された「地理総合」は，こうして裾野が広がったユーザの地図リテラシーを底上げするきっかけになることが期待される。

　この章では，「地理総合」で求められる地図リテラシーとは何かについて，デジタル化の動きを

踏まえて考えてみたい。

11-2　デジタル社会で求められる地図リテラシー

　日本における地図リテラシーという語を最初に使ったと思われる太田（1988）は，「地図を読み書きする能力」という意味で用いており，その定義は基本的に今も変わっていない。そこではデジタル化の動きを踏まえて地図をコミュニケーション手段として捉え直し，読図を中心とした学習から作成作業を中心にした学習への転換が提案されていたが，ある意味では「地理総合」における地図指導の内容を先取りしていたともいえる。

　その後，デジタル化を踏まえた新たな地図／GIS のリテラシーについて，碓井（2016）は紙地図とデジタル地図の違いに注意を喚起し，次の4 点を指摘した。

　第 1 に，紙地図の縮尺概念がデジタル地図では位置精度に置き換えられることである。これは，同じ地図でもデジタルで表示する際にはモニターのサイズによって縮尺が変わるため，「2500 分の 1」というように分数や比で表すのは適さないからである。このため，デジタル地図では元のデータがもつ位置精度を指して「縮尺レベル 2500」のように表現することになる。「地理院地図」ではズームレベルが位置精度に対応しているが，元の地図の位置精度を踏まえた利用が重要になる。

　第 2 に，紙地図では地図記号が重なるのを防いで記号を読み取りやすくするために，わざと真位置から記号をずらす「転位」や，表現を簡略化する「総描」といった操作が加えられている。しかし，ベクタデータを用いたデジタル地図では，そうした操作はされずに真位置で表示されるのが一般的である。一方，「地理院地図」などのタイル画像を基にした Web 地図は，基になるラスタ画像に転位や総描が加わっている場合がある。

　第 3 に，紙地図では地物による位置精度の違いはほぼ皆無であるが，デジタル地図のデータは地物によってデータソースが異なることがあり，位置精度が同じとは限らない点に留意する必要がある。

　第 4 に，デジタル地図のデータには地物の位置と属性の情報が含まれているため，属性で検索するだけでなく，位置に基づく空間検索や高度な空間分析が可能になる。

　これらの事項は，高校生向けにはやや高度な内容とも思われるが，デジタル地図の作成過程をブラックボックス化することなく，地理空間情報が GIS で処理される過程を十分に理解することによって，間違った利用を防ぐことにつながることは確かである。

　しかしながら，これまで地図リテラシーについて体系だった研究は乏しく，その内容も明確には定義されてこなかった。ここで参考にしたいのが，情報化社会で必要とされるリテラシー概念を，情報リテラシー，技術リテラシー，メディアリテラシーの 3 つに分けて捉えた山内（2003）の概念的枠組みである。本稿では，デジタル社会のリテラシーをこれら 3 つのリテラシーからなる重層構造とみなして地図リテラシーを捉え直してみたい。

　山内（2003）の説明をもとに若林（2021）が作成した図 11-1 によれば，デジタル化された地図はコンピュータやネットワーク等の技術的制約の下で作成され，メディアを通じて流通し，そこから人間が必要な情報を利用する。一方，人間が情報を地図にして発信する際には，メディア上の記号として表現され，通信技術によって伝達される。従来は，それらが別々に議論され，相互の関連性はあまり顧みられることはなかった。しかし，デジタル社会に生きる人間は，技術を駆使して情報を探し出し，その情報をメディアの上で読み解き，また技術を駆使して加工・発信していくことが求められる。このため，デジタル社会で求められる地図リテラシーも，これら 3 つの側面をカ

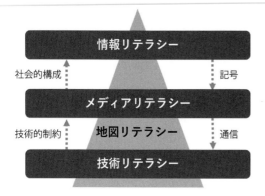

図 11-1　デジタル社会における地図リテラシーの構成
山内（2003）を参考にして作成。出典：若林（2021）。

バーすべきと考えられる。続く節では，これらを順番に見ていくことにする。

11-3　情報リテラシーから見た地図

　情報を探し出し，活用し，発信するための技能に関係する情報リテラシーは，地図に置き換えると，従前の地図学的知識や技能の修得に関係している。それは，必要な地理空間情報を含む地図へアクセスし，入手した地図を読み取り，地理空間情報を地図に的確に表現ができるようになることで評価される。従来の地図学や地図指導が対象にしていたのは，情報リテラシーから見た地図の活用であったといえる。しかし，デジタル化によって従来の地図リテラシーも見直しが迫られている。

　筆者も大学で地図学の授業を担当してはいるが，一冊で地図学の全ての分野をカバーした日本語の教科書はないため，参考文献に複数の教科書を挙げながら使い分けている。かつての地図学の教科書は，地形図などの一般図・基本図を中心に解説したもの（たとえば，高崎編（1988）など），主題図や地図利用を中心としたもの（たとえば，浮田・森（2004）など）に分かれていてたが，デジタル化以降の動きまでカバーすると GIS にも言及しなければならない。海外では，Kraark and

Ormeling（2021）のように版を重ねた定番の教科書もある。日本では，菅野ほか（1987）が地図学と GIS を網羅したバランスのよい教科書といえるが，Web 地図などインターネットの普及後の動きはカバーされていない。

　一方，GIS の入門用教科書では，GIS の機能の 1 つとして地図を用いた可視化に必ず言及されている（たとえば，浅見ほか（2015）など）。逆に，地図にとっての GIS の役割は，地図作成を支援するツールとしてだけでなく，従来は手作業で行っていた図上計測や検索・解析作業を自動化したり補助したりする手段にもなる。とりわけデジタル化された地理空間情報は，オープンデータの動きを背景にして無償でインターネットから入手できるものが増えているが，それは頻繁に更新されており，対象のデータの中から必要なものを選んで入手するには，たえず最新情報にキャッチアップする必要がある。これに役立つ Web サイトとしては，「G 空間情報センター」（https://front.geospatial.jp/）や「政府統計の総合窓口（e-Stat）」などがある。

　最近では，地図学と GIS に関する一般向けの啓蒙書も出版されており，矢野（2021），羽田（2021），若林（2022）などは地理空間情報の表現・記録の手段としての地図の基礎から応用までカバーしている。また，日本地図学会が監修した『地図の事典』（日本地図学会 2021）は，事典という性格から，教科書として使うのは難しいが，その中の項目を重要度や学習段階に沿ってセレクトすれば，副教材としての利用価値はあると思われる。

　また，主題図作成については，日本地図学会の研究部会で翻訳が進められている『持続可能社会のための地図作成（Mapping for a sustainable world）』が役立つかもしれない。これは，ICA（国際地図学協会）と国連が共同で作成した，SDGs（持続可能な開発目標）の各種指標を地図化するための手引き書として公開されたもので，国

連の Web サイトから無償でダウンロードできる（https://www.un-ilibrary.org/content/books/9789216040468）。そこには，地図作成の基礎から最新技術までが具体例を挙げて紹介されており，日本語訳も Web で公開される予定となっている。

11-4　メディアリテラシーから見た地図

　地図と空中写真を見比べるとわかるが，地図は地表の姿をありのままに写し取ったコピーではなく，地物を取捨選択して記号化しながら一定の規則に基づいて誇張や省略が加えられている。必然的に，そこにはある種の嘘が紛れ込むことになる。また，同じ事柄を表す地図でも，作成者の意図や技術に応じて多様な表現をとりうる。メディアリテラシーとは，メディアが生み出される過程を理解した上で，批判的に情報を読み解く能力を指しているが，メディアとしての地図を利用する際にもそれが求められる。

　こうした地図表現に潜む嘘を通して，メディアとしての地図のリテラシーを平易に解説した啓蒙書が，モンモニア（1995）の『地図は嘘つきである』である。同書は「一つのデータから何種類もの地図を描くことができる」という地図表現の恣意性について，その作成過程を踏まえた様々な事例を紹介している。その中には，罪のない嘘として許されるものもあれば，読み手を欺く罪深い嘘もある。

　たとえば，球面に近似される地表を平面の地図に表示するためには，一定の規則に基づく縮尺・図法を適用し，地物を記号化する必要がある。こうした処理は，現実をあるルールに従って抽象化したり歪曲したりすることにつながる。特に主題図では，同じテーマでも縮尺や図法が違えば，読み手が受け取る情報や印象も異なってくる。また，一般図であっても国によって異なる地図記号が使

われることも少なくない。これは，地表を一定のルールで縮小して表示するという地図の性質からして，やむをえない嘘といえる。

　しかし，描き手が明白な悪意をもっている場合は別として，個々の地図がどちらになるかは読み手次第でもある。つまり，モンモニアが強調しているのは，メディアの一種としての地図を使いこなすには，読み手に一定のメディアリテラシーが求められるということである。そのため，地図に込められたメッセージをその利用者が主体的，批判的に読み解く能力を磨くことにより，地図と利用者との健全な緊張関係が構築される。

　したがって，地図の解釈の深さやその妥当性を左右する重要な要素は，利用者の側でのメディアリテラシーである。つまり，地図の作成過程を理解した上で，そこに描かれていないものに思いをめぐらし，地図の「行間を読む」能力が，地図の解釈を左右するといえる。

　従来のメディア研究では，マスメディアが主たる対象となっていたが，今ではインターネットや SNS などのソーシャルメディアの重要性が増大している。たとえば，Google などの Web 検索では，利用者の検索履歴などを基にして関心の高いと思われる順に情報を表示する機能があるため，利用者が知らないうちにパーソナライズされた島宇宙に取り巻かれたフィルターバブル（パリサー 2016）の状態に陥る。また，SNS などでは出所不明の情報が拡散して社会を混乱させるインフォデミック（infodemic）という現象が問題となっている（笹原 2021）。こうした問題を避けるために，地図の情報源を調べたり，異なる地図を比較したりするなどして絶えずファクトチェックを怠らないことも重要になる。

　メディアとしての地図のリテラシーを身につけるには，地図の作成過程に対する理解も欠かせない。なぜなら地図作成の舞台裏を知ることで，同じ情報でも多様な地図表現が可能であることに気付くからである。それは地図に騙されないための

第一歩でもあり，よりよい地図表現を考えるきっかけにもなる。

　最近では，GISの開発元であるEsri社が，主題図作成を支援するために「スマートマッピング（smart mapping）」というツール開発を進めており，階級区分図の階級幅や色分けを自動化するなどして地図作成作業の負担軽減につながることが期待されている。では，こうしたAI（人工知能）を用いた地図には嘘は含まれないのであろうか。ここで，生成系AIを用いて自然な会話ができる「ChatGPT」というツールに対して嘘がつけるかどうかを尋ねると，「私はプログラムであり，嘘をつくことはできますが，それは倫理的に適切ではありません。」という答えが返ってくる。これはAI自身の判断というよりも，開発者の意図によって嘘がつけないようなアルゴリズムが用いられているためである。

　しかし，意図せざる結果として（AI自身に意図があるかどうかは別として）AIが嘘をつくことはある。たとえば，衛星画像や空中写真に機械学習を適用して地物の分類を行う技術は急速に進展しているが，地物の種類によっては誤判別されがちなものがあり，人間が確認する作業が必要になる。これは学習に用いるデータを増やして偏りをなくすことで，ある程度は解決できるかもしれないが，地図表現に対する理解が乏しい人が自動化ツールを用いると，提案された表現を無批判に用いて適切でない地図を作ってしまう恐れもある。

　このように，AIは開発者のアルゴリズムに従ってデータを処理しているわけであるが，その過程を人間がブラックボックス化して不問にすると，出来上がった地図の善し悪しを評価したり，嘘や間違いを見落としたりする恐れがある。つまり，疑ったり問いを投げかける，といった行為は人間にしかできないため，メディアリテラシーで身につけるべきは，人間独自の批判的思考力を養うことである。

11-5　技術リテラシーから見た地図

　現代の地図の大きな転換点は，地理空間情報のデジタル化とGISの開発であった。デジタル地図やGISを使いこなすには，新たな技術リテラシーの修得が必要となる。それは，ICT（情報通信技術）への理解とならんで，機器の操作やGISソフトの利用法に対する理解が前提となる。従来の紙媒体の地図であれば，2次元平面に表された地図を読むことに専念すればよかったが，デジタル地図では使用するデバイスの操作に習熟することも必要になるからである。そのため，地図の表現だけでなくユーザインターフェースやユーザビリティへの理解も重要になってくる。特にインターネットを通して誰もが情報発信できるWeb2.0の時代に入ってからは，地図を読んだり利用したりするだけでなく，地図を作ったり発信することも地図リテラシーの要素になる。

　このようなICTスキルは，現代社会で必須の素養となることから，2022年度からは高等学校で「情報Ⅰ」が必修化されている。「地理総合」の地図に関する単元で求められる技術リテラシーの多くは，情報科の授業でカバーされるかもしれない。高等学校学習指導要領（平成30年告示）解説の「情報編」によると，情報科は他の各教科・科目等の学習において情報活用能力を生かし，高めることができるよう，教科・科目間の連携を図ることが奨励されている。そのため，必修科目となる「情報Ⅰ」の履修内容を踏まえた「地理総合」のカリキュラム・マネジメントも求められる。

　高等学校学習指導要領（平成30年）解説の「情報編」における「情報Ⅰ」の内容は，①情報社会の問題解決，②コミュニケーションと情報デザイン，③コンピュータとプログラミング，④情報通信ネットワークとデータの活用からなっている。そこには，単にICT機器を操作するだけではなく，その背景にある技術や情報倫理が含まれており，

社会との関わりで見た ICT の役割にも言及されている。その内容は地図の作成・利用に関わる話題も少なくない。一例として，東京書籍の「情報 I 」の教科書（2022 年 2 月発行）を取り上げると，「情報デザイン」の単元の中で情報を抽象化・可視化・構造化する手段として地図に言及したり（p.54），「プログラミング」の単元でモデル化による問題解決の例として地図化や帰宅支援マップを取り上げたりしている（p.90, p.160）。このように，地図は情報科の学習にも有効な題材を提供できることから，「地理総合」との間で教科をまたいだ連携が期待される。

　情報科の題材に地図が取り上げられる背景には，場所に結びつけて情報を記憶する方法が古くから用いられてきたように，情報を整理する枠組みとして空間的位置が役立つことが挙げられる。また，世の中に流通している情報の中で，地球上の位置を特定できる地理空間情報が約 6 割を占める（Hahmann and Burghaldt 2013）という報告もある。たとえば，GNSS で取得した緯度経度情報を Twitter などのソーシャルメディアの投稿に付与することは珍しくなく，それを GIS で地図上に示すことも難しくはない。また，Web 上の地名や住所などを手がかりにして地理空間情報を切り出すジオパーシング（geoparsing）という技術も開発されている（浅見ほか 2008）。データサイエンスでも，様々な情報源から取得したビッグデータの処理は大きなテーマになっており，それを可視化するツールの 1 つとして地図に言及するのが一般的になっている（たとえば，萩原 2023）。こうした点からも，地図／ GIS に対する知識や技能は情報デザインの理解にとって重要になるであろう。

　他方で，地理空間情報を地図だけでなくグラフや表など多様な表現を駆使しながら多面的に分析するための地理的可視化（geovisualization）や「ダッシュボード」と呼ばれるツールも開発されている（若林・小泉 2012；若林 2022）。これら

を用いた探索的空間データ解析は紙地図にはない機能であり，データに潜む新たな情報の発見や問題解決につなげる能力の修得も期待される。

11-6　「地理総合」で学ぶ　　　　地図リテラシー

　現行の「地理総合」の教科書を読み比べると，その内容を生徒が十分に習得すれば，現代人に求められる地図リテラシーの基本的な部分は身に着けられるように思われる。各教科書の地図・GIS に関する記述を比較すると，従来の地理の教科書より多くのページが割かれており，表現や内容にも創意工夫の跡が見られる。

　しかし，本稿で述べた 3 つのリテラシーのうち，情報リテラシーには十分な内容であっても，メディアリテラシーと技術リテラシーについては満足のいく内容とはいえない。これらは，むしろ「情報 I 」で補うべき内容かもしれない。また，教科書によって題材や重点の置き方に違いがあるため，生徒にどのレベルの地図／ GIS の知識や技能を求めるかは必ずしも一定ではない。特にデジタル地図や GIS の利用については，既存の Web 地図の紹介にとどまるものが多いが，これは地理を専門としない教員への配慮であろう（井上 2021）。

　こうした教科書を活用して地図リテラシーを生徒に身につけさせるには，副教材の開発や指導にあたる教員の資質が重要になるであろう。特に深刻な問題として懸念されているのは，新聞等で報じられているように，GIS や地図を指導できる教員が不足していることである（産経新聞 2023 年 3 月 25 日）。これは情報科についても同様で，正規免許を持たない教員が担当している学校も少なくないという（朝日新聞 2023 年 3 月 20 日）。これらの問題の解消のために，日本地理学会などの関連する学会や，日本学術会議の関連する委員会が継続的にサポートする体制が必要と

思われるが，地理教育フォーラムのWebサイトなどには有用な情報が掲載されている（https://geoeducation.publishers.fm/）。

　学校現場でのGIS利用を可能にする環境は，GIGAスクール構想による1人1台の情報端末整備によって実現に近づくであろう。しかし，そのためには日本の教育情報化の停滞をもたらした根本的な問題が解決されなければならないという見方もある。その道筋として坂本ほか（2020）が示したのは次の3点である。

（1）教員主導の教具から学習者中心の文具へ
（2）ICT活用授業の研究から日常のデジタル化へ
（3）抑圧と禁止から自立と活用へ

　1点目については，コンピュータを教える道具として扱うCAI（Computer Assisted Instruction）から，それを学びの道具とするCAL（Computer Assisted Learning）への転換と言い換えることもできる（佐藤2021）。これは2点目の学校外での日常的なICT利用にもつながってくるが，日本でそれを妨げてきたのが，3点目の情報モラルに基づく抑制的利用であり，それが学校・家庭間でのデジタル・デバイドをもたらしたという。そのため，欧米で進められているように，生徒が責任をもってICTを適切に活用するデジタル・シティズンシップの育成が求められる（坂本ほか2020）。

　シティズンシップ（市民性）の育成という面でのGISの活用は，欧米でも進められており，地理教育では空間的市民性教育（spatial citizenship education）として知られている（阪上ほか2020）。これは市民が社会的な意思決定プロセスに参加するという目的のためにGISを含むジオメディアをツールとして用いる能力と定義されている（Shin and Bednarz 2019）。この動きの背景には，ジオメディアの操作に特化した古典的なGIS教育への批判があり，地図・GISに対する技術リテラシーだけでなく，情報リテラシーやメディアリテラシーを組み込んだ学習の重要性を示唆している。

「地理総合」でも，GIS／地図の利用について，それを専門にした単元だけで終わらせるのではなく，他の単元にも広げることが求められる。じっさい，現行の教科書ではGISや地図を地域調査や自然災害の単元に応用したものが少なくなく，空間的市民性教育の点でも望ましいといえる。それはまた，2007年の教育基本法改正で定義された学力の3要素の達成にもつながるであろう。学力の3要素とは，「知識・技能」，「思考力・判断力・表現力」，「主体性を持って多様な人々と協働して学ぶ態度（主体性・多様性・協働性）」からなるが，地図／GISに関する知識・技能を基礎にして，それを用いた思考力・判断力・表現力を応用しながら主体的に学ぶ態度を育成することは，具体的な応用場面によって発揮されると考えられる。これは，生徒の達成度を新しい基準で評価することにつながるはずである。

（若林芳樹）

付記　本稿は科研費（22H00764）による成果の一部である。

文献

浅見泰司・有川正俊・白石 陽・相良 毅 2008. 健康危機管理のための空間ドキュメント管理システム. 保健医療科学 57(2): 137-145.

浅見泰司・矢野桂司・貞広幸雄・湯田ミノリ 2015.『地理情報科学：GISスタンダード』古今書院.

井上明日香 2021.「地理総合」から授業の在り方を考える. 地理 66(11): 18-23.

浮田典良・森 三紀 2004.『地図表現ハンドブック』ナカニシヤ出版.

碓井照子 2016. 新科目「地理総合」における地図／GISリテラシー教育の在り方. 地図 54(3): 7-24.

太田 弘 1988. ニューメディア時代の地図教育―「地図リテラシー」を育てる地図教育の必要―. 地図 26(1): 10-24.

菅野峰明・安仁屋政武・高阪宏行 1987.『地理的情報の分析手法』古今書院.

阪上弘彬・渡邊 巧・大坂 遊・岡田了祐 2020.「空間的な市民性教育」の研究動向とその特質―欧米の地理教育・社会科教育を中心に―. 人文地理 72(2):149-161.

坂本　旬・芳賀高洋・豊福晋平・今度珠美・林一真 2020.『デジタル・シティズンシップ』大月書店.

佐藤　学 2021.『第四次産業革命と教育の未来』岩波書店.

笹原和俊 2021.『フェイクニュースを科学する』化学同人.

高崎正義編 1988.『総観地理学講座 3 地図学』朝倉書店.

日本地図学会監修 2021.『地図の事典』朝倉書店.

萩原和樹 2023.『データ思考入門』講談社.

羽田康祐 2021.『地図リテラシー入門』ベレ出版.

パリサー , E. 著，井口耕二訳 2016.『フィルターバブル：インターネットが隠していること』早川書房.

モンモニア , M. 著, 渡辺 潤訳 1995.『地図は嘘つきである』晶文社.

矢野桂司 2021.『やさしく知りたい先端科学シリーズ 8 GIS：地理情報システム』創元社.

山内祐平 2003.『デジタル社会のリテラシー』岩波書店.

若林芳樹 2021. 情報化社会における地図リテラシーと空間的思考 . 立命館地理学 33: 1-12.

若林芳樹 2022.『デジタル社会の地図の読み方 作り方』筑摩書房.

若林芳樹・今井　修・瀬戸寿一・西村雄一郎編著 2017.『参加型 GIS の理論と応用－みんなで作り・使う地理空間情報－』古今書院.

若林芳樹・小泉　諒 2012. 探索的空間データ解析のための地理的可視化ツールの応用―東京大都市圏の人口データへの適用事例―. 地図 50(2): 3-10.

Harmann, S. and Burghaldt, D. 2013. How much information is geospatially referenced? *International Journal of Geographical Information Science* 27: 1171-1189.

Kraak. M-J. and Ormeling, F. 2021. *Cartography: Visualization of geospatial data (4th Ed.)*. Boca Raton: CRC Press.

Shin, E. E. and Bednarz, S. W. eds. 2019. *Spatial citizenship education: Citizenship through geography*. New York: Routledge.

108

索 引

【A-I】

AI 86
ArcGIS 31, 59, 96
ArcMap 59
CAI 106
CAL 106
ChatGPT 7, 104
CSIS DAYS 2020 31
earth:: 地球の風，天気，海の状況地図 44, 72
e-Stat 31
Galileo 21
GEOLINK 71
geoparsing 105
geovisualization 105
GIGA スクール 6, 64, 80
GIS 4, 17
GIS 技能 63
GNSS 21
Google Earth 82
GPS 21
G 空間情報 17
G 空間情報センター 102
ICA 102
ICC 2019 Tokyo 66
ICT 21, 86, 104
infodemic 103

【J-Z】

JGD2000 24
JGD2011 24
jSTAT MAP 28, 42
MANDARA10 84
NSDI 法 19
OECD・Education2030 6
OHP シート 40
PM2.5 72
Re:Earth 31
RESAS 40, 50
smart mapping 104
SNS 103
Society 5.0 86
SONIC 93
UTM 座標系 24
VET システム 87
VGI 100
VR 86
Web GIS 93
Web 地図 70
Web メルカトル 22

【あ行】

アクティブラーニング 27, 68
アニメーション 89
アンケート 54, 67, 90
位置情報サービス 100
位置精度 101
一般図 21
色別標高図 12, 27
インフォデミック 103
エルニーニョ 44
オーバーレイ 18

【か行】

学習課程 39
学習指導要領 1, 2
重ねて比較 12
重ねるハザードマップ 13, 27, 40
仮想現実 86
課題 69
学校教育法 1
紙地図 70, 97, 101
カリキュラム 1, 104
ガリレオ 22
観点別評価 47, 56
関東大震災 15
疑似避難訓練 89
疑似避難体験 90
技術リテラシー 101, 104
基盤地図情報 97
逆向き設計論 35
旧測地系 24
教科学習 35
教科書 20
教材の現地化 23
教職科目 82
距離 21
緊急避難場所 51
空間データ 17
空中写真 11
グローバルナビゲーションシステム 22
クロスリアリティ 86
クロスロード 29
形成的評価 77
計測 21
検索 18
洪水 43
高等学校学習指導要領 80
国際地図学協会 102
国土地理院 8
古墳 83

今昔マップ on the web 39, 83
コンピテンシー 48

【さ行】

作図演習 68
座標系 24
3 観点評価 74, 91
360 度画像 88
シェープファイル 97
支援 70
ジオグラフ 42
ジオパーシング 105
ジオメディア 106
ジオリファレンス 97
疑似避難訓練システム 87
試験問題 57
思考・判断・表現 60, 75, 84
時差 57
自然災害伝承碑 10, 14
自然地理学 93
指導計画 82
自分で作る色別標高図 83
授業スタイル 67
縮尺 21, 101
主題図 21
主体的に学習に取り組む態度 61, 75, 84
巡検 94
準天頂衛星 19
焦点化 73
情報通信技術 86
情報リテラシー 101, 102
人工知能 86
数値化 60
ズームレベル 22
スキャナー 97
図形データ 17
ストーリーマップ 95
図法 20
スマートマッピング 104
図歴 25
正距方位図法 20
生成系 AI 7, 104
政府統計の総合窓口 31
世界測地系 24
積雪期 90
絶対評価 55
全球測位衛星システム 22
センターピボット 82
全地球測位システム 22
船舶情報 72
総合的な学習の時間 29

相互環流　35
総描　101
ソーシャルメディア　103
属性データ　17
測地系　24
測地座標系　24

【た行】

大項目　3
探究学習　29, 35, 45
探索的データ分析　100
地域経済分析システム　40
地形断面図　12
地形分類　11
知識・技能　60, 74, 75, 84
知識構成型ジグソー法　29
地図学習　4
地図化表現　59
地図太郎 Lite for Education　43
地図で学ぶ防災ポータル　9
地図で見る統計　28, 42
地図表現技能　63
地図リテラシー　101
地物　17
地理 B　80
地理院地図　11, 25, 48, 83
地理教育支援コンテンツ　10
地理教育支援チーム　9
地理教育の道具箱　9
地理教育フォーラム　106
地理教育分科会　19
地理空間情報　3, 17, 105
地理空間情報活用推進基本計画 19, 80
地理空間情報活用推進基本法　19, 80
地理座標系　24
地理実習　48
地理情報システム　4, 17
地理総合　3
地理探究　26, 45
地理的可視化　105
地理的技能　59, 61
地理的思考　26, 61
デジタル化　100
デジタル成績表　56
デジタル地球儀　72
デジタル地図　101
デジタル通知表　47
デスクトップ GIS ソフトウェア　58
転位　101
投影法　24

【な行】

並べて比較　12
日本学術会議　19
日本測地系　24

日本地図学会　102

【は行】

ハザードマップ　43, 51
ハザードマップポータルサイト　13
発達段階　39
バッファー　18, 97
避難軌跡情報　90
避難行動　89
避難所　91
避難ルート　91
評価方法　68
ファクトチェック　103
フィールドワーク　93, 96
フィルターバブル　103
物件探し　27
フライト情報　72
ブラックアウト　87
ふりかえりシート　71
平面直角座標系　24
ペーパーテスト　57
ベクターデータ　17
防火設備　96
防災　87
防災教育　27
防災小説　37
防災地理情報　11
防災リーダー　32
ボランティア地理情報　100
ボロノイ分割　18

【ま行】

みんなの BOISAI プラン　32
メディアリテラシー　101, 103
メルカトル図法　20
モデル授業　27
モルワイデ図法　20

【や行】

ユーザインターフェース　104
ユーザビリティ　104
ユビキタスマッピング　100

【ら行】

ラスターデータ　17
ラニーニャ　44
リッチレポート　28
リテラシー　100
ルーブリック　47, 52
ルツェルン宣言　86
レイヤー　17
ロイロノート・スクール　28, 70, 73

【わ行】

ワークシート　85
わがまちハザードマップ　14

QR コード一覧
本書で紹介するウェブサイトの URL
（2023 年 7 月 20 日現在）

国土地理院 ーーーーーーー

地理院地図
https://maps.gsi.go.jp/

地理教育の道具箱
https://www.gsi.go.jp/CHIRIKYOUIKU/

地理院地図の使い方
https://maps.gsi.go.jp/help/intro/

YouTube 国土地理院・地理院
地図チャンネル
https://www.youtube.com/c/gsimaps

ハザードマップ
ポータルサイト
https://disaportal.gsi.go.jp/

重ねるハザードマップ
https://disaportal.gsi.go.jp/maps/

わがまちハザードマップ
https://disaportal.gsi.go.jp/
hazardmap/index.html

ーーーーー **Web GIS サイト**
20 万分の 1 日本シームレス
地質図
https://gbank.gsj.jp/seamless/

earth :: 地球の風，天気，
海の状況地図
https://earth.nullschool.net/jp/

Google マップ，
ストリートビュー
https://www.google.co.jp/maps/

Google Earth
https://www.google.co.jp/intl/ja/earth/

j-STAT MAP
https://jstatmap.e-stat.go.jp/trialstart.html

MANDARA JS
https://ktgis.net/mdrjs/

Re:Earth
https://reearth.io/ja/

RESAS
https://resas.go.jp/

今昔マップ on the web
https://ktgis.net/kjmapw/

ジオグラフ
https://www.geograph.teikokushoin.co.jp/

GIS ソフトウェア・資料 ーー
ArcGIS Survey123
https://www.esrij.com/products/survey123/

e-Stat
https://www.e-stat.go.jp/

G 空間情報センター
https://front.geospatial.jp/

MANDARA10
https://ktgis.net/mandara/

QGIS
https://qgis.org/ja/site/

地図太郎 Lite for Education
https://chizutaro-lite.tcgmap.jp/

地理教育フォーラム
https://geoeducation.publishers.fm/

ロイロノート・スクール
https://n.loilo.tv/ja/

－－－－－－　文部科学省資料

新しい学習指導要領の考え方：
学習指導要領の変遷
https://www.mext.go.jp/a_menu/
shotou/new-cs/__icsFiles/afieldfile/2017/
09/28/1396716_1.pdf

各教科等の指導における ICT の
効果的な活用に関する参考資料
https://www.mext.go.jp/a_menu/shotou/
zyouhou/mext_00915.html

高等学校学習指導要領（平成 30
年告示）解説　情報編
https://www.mext.go.jp/content/
1407073_11_1_2.pdf

高等学校学習指導要領（平成 30
年告示）解説　地理歴史編
https://www.mext.go.jp/content/20220802-
mxt_kyoiku02-100002620_03.pdf

「指導と評価の一体化」のための
学習評価に関する参考資料 高等
学校 地理歴史
https://www.nier.go.jp/kaihatsu/pdf/hyouka
/r030820_hig_chirirekishi.pdf

小学校学習指導要領（平成 29
年告示）解説　社会編
https://www.mext.go.jp/component/
a_menu/education/micro_detail/__icsFiles/
afieldfile/2019/03/18/1387017_003.pdf

新時代の学びを支える先端技術
活用推進方策
https://www.mext.go.jp/component/a_
menu/other/detail/__icsFiles/afieldfile/2019
/06/24/1418387_02.pdf

数理・データサイエンス・AI 教育
プログラム認定制度概要
https://www.mext.go.jp/content/20210315
-mxt_senmon01-000012801_1.pdf

「先端技術の効果的な活用に関す
る実証」学校における先端技術
活用ガイドブック（第 1 版）
https://www.mext.go.jp/content/20210623
-mxt_syoto01-100013299_001.pdf

中学校学習指導要領（平成 29
年告示）解説　社会編
https://www.mext.go.jp/component/a_
menu/education/micro_detail/__icsFiles/
afieldfile/2019/03/18/1387018_003.pdf

幼稚園，小学校，中学校，高等
学校及び特別支援学校の学習指
導要領等の改善及び必要な方策
等について
https://www.mext.go.jp/b_menu/shingi/
chukyo/chukyo0/toushin/__icsFiles/
afieldfile/2017/01/10/1380902_0.pdf

－－－－－　日本学術会議資料

提言「持続可能な社会づくりに
向けた地理教育の充実」
https://www.scj.go.jp/ja/info/kohyo/pdf/
kohyo-23-t247-6.pdf

提言「地理教育におけるオープン
データの利活用と地図力 /GIS 技能
の育成－地域の課題を分析し地域
づくりに参画する人材育成」
https://www.scj.go.jp/ja/info/kohyo/pdf/
kohyo-22-t199-3.pdf

提言「「地理総合」で変わる新し
い地理教育の充実に向けて―持続
可能な社会づくりに貢献する地理
的資質能力の育成―」
https://www.scj.go.jp/ja/info/kohyo/pdf/
kohyo-24-t295-1.pdf

教育関連資料　　－－－－－
NHK「東日本大震災アーカイブス
証言 web ドキュメント」
https://www.nhk.or.jp/archives/saigai/

UN-iLibrary「Mapping for a sus-
tainable world（持続可能社会の
ための地図作成）」
https://www.un-ilibrary.org/content/books
/9789216040468

東京都教育委員会「子供たちに
未来の担い手となるために必要な
資質・能力を育む指導と評価の
一体化を目指して」
https://www.kyoiku.metro.tokyo.lg.jp/
school/document/advancement/files/evaluation/00.pdf

編者紹介

橋本 雄一　　はしもと ゆういち　北海道大学大学院文学研究院　教授

分担執筆者紹介（掲載順，所属は 2023 年 7 月 30 日現在）
第1章
三橋 浩志　　みつはし ひろし　文部科学省初等中等教育局　教科書調査官
第2章
大塚 力　　おおつか つとむ　国土交通省国土地理院防災・地理教育支援事務局（2023 年 3 月 31 日まで）
第3章, コラム①, コラム②
橋本 雄一　　はしもと ゆういち　北海道大学大学院文学研究院　教授
第4章, コラム③
石橋 生　　いしばし いくる　桐蔭学園高等学校　教諭
第5章
河合 豊明　　かわい とよあき　品川女子学院　教諭
第6章, コラム④, コラム⑤
栗山 絵理　　くりやま えり　東京学芸大学附属高等学校　教諭
第7章, コラム⑥
小林 岳人　　こばやし たけと　千葉県立千葉高等学校　教諭
第8章
田中 隆志　　たなか たかし　群馬県立藤岡中央高等学校　教諭
第9章
森 泰三　　もり たいぞう　ノートルダム清心女子大学文学部　教授
第10章
塩崎 大輔　　しおざき だいすけ　星槎道都大学社会福祉学部　専任講師
橋本 雄一　　はしもと ゆういち　北海道大学大学院文学研究院　教授
コラム⑦
木村 圭司　　きむら けいじ　奈良大学文学部地理学科　教授
コラム⑧
中村 康子　　なかむら やすこ　東京学芸大学教育学部　准教授
第11章
若林 芳樹　　わかばやし よしき　東京都立大学大学院都市環境科学研究科　教授

書　名	**「地理総合」と GIS 教育** 　　　　**— 基礎・実践・評価 —**
コード	ISBN978-4-7722-5348-2
発行日	2023（令和 5）年 10 月 6 日　第 1 刷発行
編　者	**橋本 雄一** 　　　Copyright ©2023　Yuichi HASHIMOTO
発行者	株式会社 古今書院　橋本寿資
印刷所	株式会社 太平印刷社
製本所	株式会社 太平印刷社
発行所	**古今書院** 　　〒 113-0021　東京都文京区本駒込 5-16-3
TEL/FAX	03-5834-2874 ／ 03-5834-2875
振　替	00100-8-35340
ホームページ	https://www.kokon.co.jp/　　　検印省略・Printed in Japan